언제부턴가 사람들이
내 말에 집중하기 시작했다

나를 어필하고 상대를 돋보이게 하는 맞장구 잘 치는 법

언제부턴가 사람들이
내 말에 집중하기
시작했다

김현아 지음

포레스트북스

나를 어필하고 상대를 돋보이게 하는 맞장구

연기를 가르치는 선생님들은 가장 중요한 것을 액션(action)으로 본다. 여기서 액션이란 막 치고받으며 현란한 싸움 기술을 보여주는 걸 말하는 게 아니라 연기하는 행동 자체를 가리킨다. 알다시피 배우를 액터(actor)라 하지 않는가.

그런데 액션보다 더 중요한 것이 있다. 바로 리액션(re-action)이다. 액션에 대한 반응 또는 반작용이라 할 수 있는데, 액션이 살려면 리액션이 잘 받쳐주어야 한다. 주인공이 극중에서 중요한 메시지를 이야기하는데 그에 대한 리액션이 없으면 어떻게 될까? 관객은 무엇이 중요한지 또는 심각한 건지를 알 수 없고, 결국 밋밋한 작품이 되어버리고 만다. 그래서 조연이 주연 못지않게 중요한 거다. 예컨대 드라마가 이뤄지려면 '사건'과 '갈등'이 존재해야 하고, 그러려면 인물 A와 B 사이에 대등한 힘겨루기가 있어야 한다. A가 돋보이려면 B가 A만큼 강한 캐릭터여야 한다.

커뮤니케이션에서 이 B의 역할을 하는 것이 바로 리액션, 즉 맞장구다. 맞장구는 상대를 돋보이게 하면서 자신을 상대와 동등한 위치로 끌어올려 준다. 맞장구만 잘 쳐도 승진이 되고, 유능한 중재자가 되고, 장사가 잘되고, 내 아이의 행복지수가 올라간다.

이 책은 한마디로 관찰과 행동에 관한 책이다. 맞장구는 관찰로 시작되고 행동으로 마무리된다. 맞장구를 제대로 하려면 눈앞의 상대가 하는 말과 행동을 잘 감지해야 한다. 자신의 생각만으로는 좋은 맞장구가 나올 수 없다. 상대의 몸과 마음에서 나오는 정보를 치우침 없이, 뒤틀림 없이 모두 받아들여야 한다. 관계의 뒤틀림은 초점을 상대에 두지 않고 나에게 두는 데서 생긴다. 상대의 정보를 자기 안으로 가지고 들어가 가공하기 때문에 그 과정에서 오해와 뒤틀림이 생기는 것이다. 상대의 생각을 이해하려면 그의 말뿐 아니라 몸으로 내뿜는 언어를 객관적으로 관찰해야 한다. 그리고 맞장구를 칠 때는 나의 의도가 적절히 표현되는지도 신경 써야 한다. 나의 의도와 다르게 전달되는 맞장구는 화를 초래할 수 있다.

그렇다면 맞장구에도 법칙이 있고, 기술이 있을까? 물론이다. 수영을 잘하려면 물에 떠서 팔다리를 능숙하게 움직이는 방법을 알아야 하고, 골프를 잘 치려면 스윙 방법을 익혀야 하듯이 맞장구를 잘하려면 기본기를 갖춰야 한다. 그런데 보통은 말에 너무 익숙하기에 말하는 방법, 대화하는 방법을 무시하고 살아간다. 관계를 잘 맺고, 보다 행복해지고, 삶의 질을 높이기 위해서는 대화 방법을 익혀야 한다. 그것이 성공의 비결이다. 이 세상에 대화 없이 이뤄지는 일이 하나라도 있는가.

맞장구는 아주 훌륭한 소통 기술이다. 상대의 신호를 온몸으로 듣고, 거울처럼 반응하고, 오감으로 표현하기 때문이다. 거꾸로 얘기하면 상대의 신호를 온몸으로 받지 않고, 상대의 말에 거울처럼 반응하지 않고, 밋밋하고 건조하게 표현하는 습관 때문에 불통이 된다고도 할 수 있다. 이런 문제들은 약간의 조정만으로도 나아질 수 있다. 우리 몸에는 상대와의 교감을 위한 세포들이 이미 들어 있으니 그걸 꺼내 쓰기만 하면 된다. 조금만 집중하고 약간만 교정하면 된다. 이제 머뭇거림은 그만두고 얼른 교정에 나서자. 왜냐하면, 바야흐로 말의 시대이기 때문이다.

맞장구 스킬 몇 개만 익혀놓으면 평생 말로 속 썩을 일이 없다. 사회생활이 즐거워지고, 사업이 잘되고, 인간관계가 넓어지고, 내 배우자가 나를 더 사랑하게 되고, 내 아이의 성적이 올라간다. 한번 익히면 평생 써먹을 수 있는 맞장구 기술, 안 배울 이유가 없지 않은가? 이 책은 아마도 지구상에서 처음으로 선보이는 맞장구 전문서일 것이다. 기초부터 심화 과정까지 친절하게 안내할 테니, 믿고 따라오시라. 마지막 장을 덮을 때쯤이면 당신은 액션보다 강력한 리액션의 기술을 몸에 익혀 소통의 달인이 되어 있을 것이다.

CHAPTER 1 몸으로 듣기
대화가 끊기는 순간 어색한 게 싫은 사람을 위한

말주변이 없어서
단답형 대답밖에 못 하는 사람을 위한

CHAPTER 3
오감으로
말하기

대화에는 끼고 싶은데
할 말이 떠오르지 않는 사람을 위한

CHAPTER 1. 몸으로 듣기

대화가 끊기는 순간
어색한 게 싫은 사람을 위한

말

태어날 때부터
말 잘하는 사람은 없다

💬 몸을 써야 소리가 열린다

2015년, 걸그룹 에이핑크의 남주가 MBC의 「마이 리틀 텔레비전」이라는 프로그램에 나를 게스트로 초대했다. 나는 대학 연기예술학과에서 화술을 가르치는 교수였고, 남주가 그 학과의 '보이스'라는 수업을 듣던 때였다. 나는 외국에서 15년을 살다가 한국에 들어온 지 얼마 안 된 터라 에이핑크라는 그룹이 유명한지도 몰랐고, 「마리텔」이라는 프로그램의 성격도 잘 몰랐다. 그저 한국에 열심히 적응 중이었다. 방송작가에게 연락이 오고 미팅을 하긴 했지만, 예능 프로그램에 진지하기 짝

이 없는 화술 과목을 들고 나가 시청률을 떨어뜨리진 않을까 걱정이 됐다. 어쨌거나 설명을 들어보니 내가 시청률에 영향을 미칠 만한 것은 없고, 남주의 코너에 게스트로 출연해서 약간만 보조하면 된다고 했다. 부담 없이 편히 생각하시라는 얘기에 출연을 결심했다. 제자가 하는 일에 스승이 도움이 되는 것은 당연했기 때문이다.

「마리텔」은 1인 방송인 아프리카TV의 형식을 지상파에 도입한 프로그램이었는데, 다섯 개의 채널을 가지고 네티즌과 실시간으로 소통하며 녹화한 것을 편집하여 본방송에 내보내는 형식이었다. 늦은 저녁, 녹화를 끝내고 집으로 돌아오는데 학생들이 너무 재미있다며 문자를 많이 보내왔다. 본방송에서도 큰 화제를 모으며 실시간 검색어로 올랐다.

내가 하는 스피치 교육은 적극적인 신체 사용을 통한 목소리 훈련이다. 목소리는 몸에서 나오기 때문에 몸을 크게 사용하면서 훈련하면 목소리를 더 빨리 더 강하게 만들 수 있다. 운동 에너지를 소리 에너지로 바꾸는 적극적인 훈련 방법이다. 그러다 보니 옆돌기나 구르기, 물구나무서기, 독침 쏘기, 뛰기, 흔들기, 팔굽혀펴기 같은 동작을 하면서 평상시에 잘 쓰지 않는 부위를 적극적으로 사용한다. 그래서 '풍차 교수'라는 닉네임까지 얻게 됐다. 「마리텔」에서 옆돌기를 하면서 화술 수업을 했더니 네티즌이 붙여준 것인데, 정말 잘 어울린다고 생각한다. 아프리카 밀림에서 사용하는 독침술을 활용해 복식 훈련을 하니 이것도 화제가 됐다. 사람들은 품위 있는 교수를 생각했는데, 몸으로 움직이며 쾅당 넘어지기까지 하는 이상한 교수가 나와서 예상치 못한 방식으로 화술 수업을 하니까 신기해 보였던 듯하다. 이 방송을 계기로 기업이나 단체에서 스피치 강의를 해달라고 요청이 들어온다. 연기와 연출을 공부했고, 러시아 극장에서 배우로 활동한 실기 전문가인데 이제는 스피치 강의를 전문적으로 하고 있다.

💬 말재주가 없으면 잘 들으면 된다

"넌 열 살에 말 텄어!"

언니가 나한테 늘 하는 말이다. 내가 말이라는 걸 해도 남들이 잘 이해를 못 했다는 것이다. 아무리 그래도 열 살은 너무하지 않나? 하지만 그 말에 반박도 못 할 것이, 솔직히 열 살 이전의 기억이 별로 없다. 머리가 아주 나빴거나 독창적인 언어 세계를 구축하고 있었거나 둘 중 하나일 것이다. 어쨌든 확실한 건, 내가 말이 아주 늦은 아이였다는 사실이다. 그래선지 말 잘하는 꼬마들을 보면 정말로 신기하게 느껴진다. '이렇게

나 어린데 저렇게나 말을 잘하다니!' 입을 쩍 벌리고 마냥 바라보게 된다.

유학 시절, 지인 중에 똑똑하기로 소문난 언니가 말했다.

"현아야, 기억상실증에는 두 가지가 있어. 하나는 어느 시점부터 어느 시점까지 어떤 기간의 기억을 상실하는 거고, 또 하나는 기억을 세로로 상실하는 거야. 기억을 세로로 상실한다는 게 뭐냐고? 왜 있잖아. '팔색조'라는 단어가 들어가야 하는 문장에 '칠면조'를 쓰는 거 말이야. 정확한 단어를 안 쓰고 그와 비슷한 단어를 가져다 쓰는 거지. 네가 그래."

들을 때는 너무 웃기기만 했는데, 집에 와서 가만 생각해보니 그 말이 맞는 것 같아 뜨끔했다. 친언니건 학교 언니건 두 언니가 한 말을 나도 인정한다. 난 말이 늦된 데다 요새도 썩 잘하지 못한다.

그런데 얼마 전부터 참 이상한 일이 생겼다. 「마리텔」에 출연했던 걸 계기로 기관이나 단체, 기업에서 스피치 강의를 부탁해온다. 내가 화술 교육에 관한 주제로 박사 학위를 받았고, 스피치 강사로 활동하고 있다는 사실까지 알려져서 더욱 그런 것 같다. 처음엔 생각도 해본 적이 없는 일이라 정중히 거절했는데, 그런 일이 잦고 보니 매번 거절하기도 죄송스러워졌다. 그래서 어찌어찌 하겠다고 답변을 하게 됐는데, 그러고 보니 걱정이 안 될 수가 없었다. 앞서도 말했지만, 나는 스스로 말하는 능력에 부족함을 느끼는 사람이다. 그 콤플렉스를 메우기 위해서 공부하다 보니 지금과 같은 이력을 갖게 됐다. 그런데도 사람들은 내가 무슨 말을 하면 무척 재미있어 한다. 급기야는 '말 잘하는 김현아'라는 얘기까지 듣게 됐으니 나로선 어리둥절할 수밖에 없다.

그래서 왜 이렇게 됐을까를 곰곰이 생각해봤다. 아무래도 시초는 내가 스스로 부족함을 인정한다는 것이 아닐까 싶다. 그러다 보니 내 생각을 잘 전달하기 위해서 상대의 말을 잘 듣게 됐고, 어떻게 하면 전달력을 높일 수 있을지를 생각하게 됐다. 내가 생각해낸 전달 방법이 어느 순간 절묘하게 맞아떨어져 대화가 술술 풀리면 그걸 꼭 기억해서 다음에도 활용해봤다. 이런 식으로 내 화법이 발달해온 듯하다. 사실 뭔가 짜임새 있는 계획을 가지고 이뤄낸 것이 아니라 말을 잘하고 싶다는 열망이 나를 여기까지 데려온 것이다.

이 점을 알게 된 이상, 나는 가만히 있을 수가 없었다. 막 퍼줘야겠다는 생각이 들었다. 말 잘하고 싶어 하는 사람이 천지에 가득하니, 누군가 내 노하우를 가져다 쓸 수 있지 않겠나 싶어진 것이다. 내가 이 책을 쓰고 있는 이유가 그것이다. 단순한 기법 몇 가지가 전부인데 열 살에 말 튼 사람이 말 잘한다 소리 들을 정도면, 두세 살에 말 떼는 보통 사람은 어떻겠는가. 타고나길 다 나보다 언어 능력이 뛰어난 사람들이니 스피치 강사 뺨치는 화술의 고수가 되지 않을까?

💬 감정은 드러내는 게 좋을까, 억제하는 게 좋을까

유학 초기의 일이다. 나보다 먼저 유학 와서 연기 공부를 하는 선배가 있었다. 기말 시험이 다가와 연기 화술 시험을 준비하는데 잘 안 풀리는 모양이었다. 주어진 과제는 사랑하는 사람이 떠난 후 내적 심리를 표현하는 독백 장면이었다. 그 선배는 한국에서 흔히 말하는 '절제된' 표현법을 사용해야 한다고 생각해 그렇게 연기했다. 그런데 화술 교수님이 "그렇게 말하면 주인공의 감정을 이해할 수 없어"라고 했다는 것이다. 선배는 교수에게 자신이 그 장면을 어떻게 분석했는지 설명했고, 교수도 옳게 분석했다고 말했다고 한다. 그런데도 선배가 연기를 하면 자꾸 "좀더 표현해야지, 조금 더, 좀더!"라면서 감정을 드러내라고 요구한다는 것이다. 선배는 혼란스러워하면서 하소연했다.

"현아야. 교수님이 외국인이어서 잘 모르는 것 같은데 이걸 어떻게 설명해야 하니? 이 장면은 터뜨리는 게 아니고 속으로

CHAPTER 1. 몸으로 듣기

삭여야 하거든. 슬픔을 삼키고 절제해야 한다고. 그런데 교수님은 자꾸만 더 표현하래. 미치겠다, 이걸 어떻게 설명하니?"

"선배, 내가 한번 봐줄게. 내 앞에서 해봐."

선배의 화술 연기를 보자니, 교수의 지적이 옳은 듯했다. 선배가 연기한 것은 감정을 절제하는 것이 아니고 감정이 안 보이는 것이었다. 감정이 없는 건 아니지만 어떤 감정인지가 보이지 않았다.

그때 나는 어쩌면 대부분 사람이 그럴지도 모른다는 생각이 들었다. 평소에 감정을 잘 표현하지 않다 보니 '적절한 표현'이 어느 정도인지를 잘 모르는 것이다. 하지만 감정을 절제하는 것과 감정이 없는 것 간에는 엄청난 차이가 있다. 이순재 선생님도 비슷한 얘기를 하신 적이 있다. 요즘 젊은 배우들은 소리 지르고 욕하는 연기는 잘하는데 품격 있는 절제된 연기를 소화하는 배우는 드물다고. 실제로 그렇다. 감정을 표현하라고 하면 소리를 지르거나 악을 쓰고, 감정을 조금 누르라고 요구하면 아무것도 표현하지 않는다.

연기에서만이 아니라 평소에도 감정을 잘 표현하고 살아야 한다. 그래야 다른 사람의 감정도 잘 알아챌 수 있다. 표현을 하지 않다 보니 서로가 어떤 상태인지 모르는 채 지내고, 그러다가 한계에 도달해서 폭발하면 관계가 끝나버리기 일쑤다.

이 미련한 행동을 더는 반복해선 안 된다. 건강하고 행복한 삶을 살고 싶다면 매 순간 적절한 표현을 해주어야 한다. 나를 위해서만이 아니라 상대를 위해서도 꼭 필요한 일이다. 전통적으로 우리 문화에서는 절제를 미덕으로 삼았다. 하지만 절제된 표현은 불통의 크나큰 요인이다. 지금은 글로벌 시대다. 지나치게 절제된 감정 표현은 세계가 하나로 통하는 이 시대에 그리 적합하지 않다. 고루하고 따분한 옛사람이 되길 원치 않는다면 자신의 감정을 명확하게, 그러면서도 받아들이기 좋게 표현해야 한다.

삶에 균형이 잡히길 바란다면 평소의 표현이 한쪽으로 치우쳐선 안 된다. 표현 방식이 불통의 원인이라면 그 방식을 다시 살펴야 한다. 지나치게 감정적인 것도, 남을 의식해 감정을 안으로만 쌓는 것도 좋지 않다. 상황과 목적과 대상에 맞춰 유연하게 표현해야 한다.

💬 제대로 전달하지 않으면 소용이 없다

한 모임에 참석했다가 자리가 파해 돌아오는데, 집에 도착하기 전에 문자가 왔다. 초면에 실례인 줄 알지만, 본인의 스피치 상태를 한번 봐달라는 내용이었다. 문자에는 짧은 동영상이 첨부돼 있었다. 첨부된 동영상을 열어본 후 피드백을 하느라 통화했는데, 그 사람은 자신의 말하기 상태를 잘 인지하고 있었다. 그런 소감을 들려줬더니, 공석에서 스피치를 하는 일이 많아서 스피치에 관심이 많다고 했다. 이런 문제에 크게 관심을 두지 않는 사람이 대부분이라 나는 무척 반가웠다.

자신의 말하기 레벨이 어느 수준인지 때때로 체크해보는 것이 좋다. 우선, 자신의 직업이나 일상에서 '말하기'가 어느 정도의 비중을 차지하는지 생각해보자. 교사, 아나운서, 성우, 정치인, 배우, 가이드, 영업인들은 말이 절대적으로 중요한 사람들이다. 이런 직업이 아니더라도 말은 일상에서 커뮤니케이션을 하는 데 아주 중요하다.

말이 주가 되는 사람들은 말하기에 관심이 많고 말하기 능력을 향상시키기 위해 많은 노력을 한다. 왜냐하면 어떻게 말하느냐가 곧바로 돈과 연결되기 때문이다. 어떤 판매원은 제품이 좋지 않아서 고객의 마음을 얻지 못한다고 말한다. 물론 그럴 수도 있지만, 반드시 그런 건 아니다. 아무리 좋은 제품이라도 잘 설명하지 않으면 소비자가 그 가치를 알 수 없다. 또 썩 좋지 않은 제품이라도 설명을 잘하면 소비자는 제품 이상의 가치로 받아들인다. 즉 제품이 얼마나 좋으냐보다 얼마나 잘 표현하느냐가 판매에 더 큰 영향을 미친다는 뜻이다.

요즘에는 IT나 ICT 분야의 사람들도 스피치에 대해 높은 욕구를 가지고 있다. 기술력은 높은데 프레젠테이션하는 능력이 부족해서 기술이 제대로 평가받지 못한다는 사실을 알게 됐기 때문이다. 또 유튜브 등의 매체를 통해 자신의 아이디어를 전달하고 싶어 하는 사람들도 많아졌다. 특히 요즘에는 스마트폰 하나면 촬영부터 업로드까지 어렵지 않게 해낼 수 있어서 매체 활용이 일반화되었다. 이런 시대일수록 전달하는 능력은 전달하고자 하는 내용 못지않게 중요하다. 뇌에 얼마나 많은 지식을 담고 있느냐보다 아무리 작은 지식이라도 그것을 밖으로 끄집어내 타인에게 영향력을 줄 수 있느냐가 더 중요해진 것이다.

　커뮤니케이션은 소통하며 영향력을 행사하는 것이다. 그러므로 타인의 생각에 어떻게 공감할 것인지, 반대되는 의견에 어떻게 응할 것인지 등 '어떻게'가 중요하다. 사용되지 않는 것은 가치가 작다. 나는 일상에서 만나는 사람들이 자신의 감정을 얼마나 표현하는지, 어떤 표현을 어떻게 사용하는지 눈여겨본다. 학생들에게도 '의미를 전달하지 못하는 표현은 표현이 아니다'라고 강조한다. 상대가 알고, 이해하고, 인지하도록 정확하고 명확히 드러내는 것이 표현이다.

💬 사람들 앞에서 말이 부자연스러운 이유

셰익스피어는 영국이 낳은 대문호다. 그의 글에는 문학적·연극적으로 탁월한 상상력과 표현력이 담겨 있으며, 시대를 초월하여 모든 영역에서 연구될 만한 가치가 있다. 일례로, '사느냐 죽느냐 그것이 문제로다'라는 문구는 심지어 정치나 경제 분야에서도 자주 인용된다. 셰익스피어의 작품은 인생을 담고 있다.

그런데 만약 훈련되지 못한 배우가 햄릿의 그 유명한 대사를 아무렇게나 읊는다고 가정해보자. 사람들은 셰익스피어가 햄릿을 통해 전하고자 했던 인간의 고뇌, 좌절, 갈등을 느끼지 못할 것이다. 그러면서 '셰익스피어도 별거 아니네'라고 생각할 것이다. 같은 내용이라도 표현력의 차이로 이렇게 달라진다. 그래서 배우는 작가가 고심하며 쓴 글을 잘 전달하기 위해 매일 목소리 훈련을 한다. 작품의 글과 등장인물 사이에 거리감이 생기지 않도록 매일 신체와 음성을 훈련한다.

배우가 아니더라도 이 점을 잘 생각해봐야 한다. 자신이 전달하는 방법이 생각하는 바를 잘 드러내는지 말이다. 즉, 생각과 전달력에 큰 차이가 없어야 한다는 뜻이다. 만약 듣는 이가 오해할 만한 요소가 있다면 그것들을 제거해야 한다. 예술 중에서 인간의 삶과 가장 닮은 것이 연극인데, 연극은 '놀이'에서 출발한다. 사당패가 한바탕 신나게 노는 마당을 생각하면 된다. 상황에 몰입해서 마치 진짜인 양 말하고 행동하는 것이다. 거리낌 없이 즉흥적으로 하는 놀이는 생각과 표현을 거침없이 보여준다. 하지만 사람들은 보통 커뮤니케이션에서 리액션을 제대로 하지 못하고 주춤거리곤 한다. 왜 그럴까? 즉흥적인 리액션은 어른답지 못하다고 생각해서는 아닐까? 사회화 과정에서 아이 같은 호기심과 적극성이 많이 줄어들지 않았나 하는 얘기다. 머뭇거리는 마음은 표현력에 장애를 준다. 생각과 행동이 자유롭지 못하고 제약을 받는다. 이 머뭇거리는 마음이 말을 위축시킨다.

또 일상에선 표현을 잘하던 사람도 여러 사람 앞에 나가 말하라고 하면 평상시와 다르게 표현한다. 사람들의 시선 때문에 긴장하는 것이다. 공적인 자리에서 스피치를 하는 건 연기와 유사하다. 남들 앞에서 말하는 게 얼마나 어려운지 연기를 해보면 알 수 있다. 일상에서 하던 말도 남들 앞이면 갑자기 부담스러워진다. "오늘 날씨 참 좋네요. 그간 잘 지내셨습니까?"라는 말도 대사라고 생각되는 순간 고민거리가 되고 만다. 목소리는 작아지고 표정은 굳어지고 몸은 뻣뻣해진다. 그만큼 남들의 시선이 부담스러운 것이다.

타인의 시선을 느끼면 신체는 긴장하기 시작한다. 스피치

트레이닝을 하다 보면 평소 자연스럽게 손을 사용하면서 말하던 사람도 남의 시선이 느껴지면 손 한 번, 팔 한 번 들기 힘들어하는 걸 흔히 보게 된다. 누군가 몰래 겨드랑이에 접착제를 붙여놓은 것도 아닌데 말이다. 그냥 평소 하듯이 자연스럽게 말하면 되는데 작은 손짓에도 적절한지 아닌지 판단을 하기 때문이다. 하지만 그럴 필요 전혀 없다. 사람과의 소통, 교류, 교감을 부담스러워하지 말고 연극의 놀이처럼 즐기면 된다.

사람들은 일상이든 공식적인 자리든 상대가 말을 잘하고 표현을 잘하기를 바란다. 진심으로 잘하기를 응원한다. 그러면서 얼굴의 세밀한 표정 하나, 목소리의 억양과 톤의 변화, 움직임, 시선 등 모든 것을 세심히 관찰한다. 그가 실수하는지 안 하는지 보려고 그러는 것이 아니고 즐기기 위해서다. 상대와 잘 노는 것이 진정한 커뮤니케이션이다.

경청

말하는 것보다
듣기가 더 어려운 이유

💬 왜 다들 자기 말만 하려고 할까

얼마 전 연배가 있는 회장님과 함께 식사를 한 일이 있다. 이런저런 이야기를 나누며 화기애애한 시간이었는데, 회장님이 잠시 심각한 얘기를 꺼냈다. 요약하자면 이런 내용이다. 곳곳에서 '민주주의, 민주주의' 떠들지만, 말만 거창할 뿐 상대의 말을 듣는 사람은 별로 없다. 모두 자기 이야기만 하다 보니 이견을 조율할 수도 없고 진정한 화합도 이뤄지지 않는다. 어떤 모임을 하든 다들 자기 이야기를 하려고 나오지 들으려고 나오는 사람은 없다. 회사도 정치 조직도 마찬가지다. '이번

미팅에 가서는 내가 할 말을 반드시 다 하겠다'라는 것만 있지 남의 말을 듣고 타협안을 내놓겠다는 생각은 아예 없다. 정말 큰 문제다. 머리에 온통 자기 생각만 가득 차 있다.

그 얘길 듣자니 가장 가까운 가족도 마찬가지란 생각이 들었다. 다른 사람의 말을 듣는 데 유독 서툰 사람들이 있는데, 항상 그렇다기보다는 특정 관계에서 그 성향이 두드러진다. 대표적인 것이 가족과 친구 사이다. 상대가 친숙한 사람이라는 이유로 말을 끝까지 듣지 않고 예단해버린다. 그 사람의 평소 말 패턴을 적용해 '듣지 않아도 다 안다'고 여기는 것이다.

그러다 보니 자기 이야기만 하게 되고, 결국 대화가 겉돌게 된다. 자식은 부모한테 자기 입장을 이해시키려고 끊임없이 이야기하고, 부모는 어른들의 입장을 대변하려고 끊임없이 이야기한다. 아이가 자기 생각을 말하려는 순간, "너 같이 어린 애가 무슨 생각이 있겠니?"라며 부모는 듣지도 않고 일축해버린다. 몸이 작다고, 나이가 어리고 경험이 적다고 생각이 없거나 부족한 것은 아니다. 그런데도 말을 제대로 들어주지 않기 때문에 문제가 생기는 거다.

우리 집 첫째는 열두 살 때 드레스덴의 학교에서 기숙사 생활을 했다. 크리스마스 방학을 맞이하여 아이를 데려오려고 우리 부부가 그곳에 갔다. 짐을 챙겨 밖으로 나오는데, 때마침

기숙사로 들어오던 사감 선생님과 마주쳤다. 사감은 아이에게 방학 잘 보내고 가족과 좋은 시간 보내라면서 이런저런 얘기를 했다. 그러고는 악수하고 헤어졌다. 어른과 아이가 아니라 동료가 동료를 대하는 느낌이었다. 거의 할아버지뻘 되시는 분이 열두 살 꼬마에게 동년배 대하듯 자연스럽게 악수를 청한 것이다. 우리 문화에서는 어른들이 아이를 대할 때 그런 모습이 드물다. 가르치거나 훈계할 목적으로 이야기하는 일이 많을뿐더러 '과연 잘 알아들었을까?', '이해는 했을까?', '잊지 말아야 할 텐데' 하는 우려가 그대로 묻어 나온다. 그러나 사감 선생님은 열두 살 꼬마를 독립된 인격체로 대했다.

그 모습을 보고 나를 반성하게 됐다. 내 아이를 내 것이라 생각하고 내 마음대로 판단했던 자신을 말이다. 이제는 아이를 독립된 인격체로 생각하고 대해야겠다고 다짐했다. 그러려면 아이의 말을 잘 듣는 게 우선이다. 자녀를 소유물로 생각하면 사실 경청하지 않게 된다. 그 일 이후로 첫째의 대답이 아무리 늦더라도, 둘째의 대답이 아무리 얼토당토않더라도 절대 무시하지 않으려고 노력했다.

누군가의 이야기를 들어주는 행위는 그의 자존감을 키워주는 행위다. 마이크로의 자존감이지만 잔 근육으로 촘촘하게 채워진 자존감이 강한 내성을 만든다. 신념을 만들고 소망을 키운다. 듣기는 지지(support)이기 때문이다. 들을 때 내 안에 선입견이나 편견이나 특권의식이 있는지를 먼저 살펴야 한다. 사람들은 자신과 반대되는 것들을 배척하는 경향이 있는데, 배척이 아닌 지지가 되어야 한다. 에너지와 초점을 배척이 아닌 지지에 집중해야 한다.

💬 대부분 상대의 말을 듣고 있다고 착각한다

말하기 전에 들으라고 하면, 사람들은 당연한 얘길 한다고 생각한다. 그러나 절대 쉽지 않다. 어떤 면에선 생존을 좌우하는 문제이기 때문이다. 아기를 보면 알 수 있다. 아기들은 본능적으로 자기 상태를 바로 표시한다. 배고플 때, 졸릴 때, 피곤할 때 목소리를 높여 주변에 알린다. 아기가 자기주장을 하기 전에 엄마의 의견을 듣는 모습을 상상할 수 있는가?

하지만 아기 단계를 지났는데도 여전히 자기주장에만 바쁜 사람들이 많다. 그래서는 무엇을 하든 잘될 수가 없다. 인간은 혼자서 살아갈 수 없는 사회적 동물이고, 모든 일이 교류 속에 이뤄지기 때문이다.

배우는 작품에 들어가면 대본을 받고 분석하는 과정을 거친다. 작품을 이해하고자 여러 단계를 거쳐 분석하며, 그런 다음에 대사를 암기한다. 어떤 배우는 연기를 잘하려고 자기 대사에 형광펜을 칠해가면서 열심히 외우기도 한다.

그런데 새내기 배우 중에는 자기 대사만 잘 외우는 사람이 있다. 상대의 대사에는 전혀 관심을 두지 않고 자기 대사만 외운다. 그러니 어떤 상황에서 그 대사가 나와야 하는지를 모를뿐더러 그 대사가 어떤 역할을 하는지도 모른다. 그런 연기는 진실하지 않다. 시청자의 공감을 끌어내지 못한다. 행간을 이해하지 못하기 때문이다. 배우는 언어 이면의 의미를 이해하고 전할 수 있어야 한다. 이를 연극에서는 '서브텍스트(subtext)'라고 한다. 예컨대 "안녕히 계세요"라는 대사가 있다면, 헤어질 때 보통 하는 인사말인지 불편한 상황을 모면하기 위해 자리를 피하려는 것인지 상황과 문맥을 보고 이해해야 한다. 그러려면 상대의 말을 잘 들어야 한다.

"상대방의 말을 들었니?"

연기학과 학생들에게 자주 하는 질문인데, 대부분 이렇게 대답한다.

"네, 들었어요."

다시 물어본다.

"진짜 들었니?"

학생은 질문을 다시 생각해보곤 답한다.

"아니요, 안 들은 것 같아요."

"왜 안 들었니?"

"제 대사만 생각하고 있었어요."

그래도 끝내 상대의 말을 들었다고 답하는 학생도 있다. 몇 번을 다시 물어도 듣고 연기했다고 대답한다. 내가 볼 땐 아닌데도 말이다. 그러면 나는 그 파트너에게 같은 대사를 다른 감정으로 연기해달라고 한다. 그 학생의 반응을 살피기 위해서다. 파트너가 같은 대사를 다른 감정으로 연기한다면 그 학생의 반응 역시 달라져야 한다. 그러나 그 친구는 달라지는 것이 없다. 상대의 말을 듣는다고 여길 뿐 사실은 듣지 않은 것이다. 이 점을 지적하면 학생도 그제야 시인한다.

말의 의도가 달라지면 리액션도 달라져야 한다. 교류란 말 그대로 한 방향으로만 흐르는 게 아니라 양쪽으로 오가는 것이기 때문이다.

💬 끼어들기와 호들갑은 맞장구가 아니다

잘 듣기를 바란다면 먼저 자기 생각을 버려야 한다. 자기 생각을 버리고 상대의 말을 온전히 들어야 한다. 말하고 싶다는 유혹이 내부에서 끊임없이 올라올 것이다. 그러나 꾹 참고 상대의 생각을 끝까지 들어야 한다. 때로는 상대가 말을 할 때 대신 말해주고 싶다는 욕구가 생기기도 할 것이다. 상대의 말을 정리해서 다시 말해주거나, 말에 힘을 보태주려고 중간에 끼어들거나, 끝을 맺어주려고 한마디 더하고 싶어질 것이다. 그러나 아무리 좋은 의도였더라도 이처럼 자주 끼어들면 상대방보다 자신의 관점이 더 중요해 보일 수 있다.

한번은 이런 일이 있었다. 한국화술학회 세미나를 마친 후 학회 관계자들이 대학로에서 뒤풀이를 했다. 고맙게도, 화술 교육에 큰 발자취를 남기신 한 원로 배우가 격려차 그 자리에 와주셨다. 세 차례의 암 투병과 엄청난 대수술을 겪느라 몸이 많이 수척해진 상태였지만 후배들을 위해 참석한 것이다. 그는 한국 연극계의 산증인으로서 화술 교육이 어떻게 진행되어왔는지 직접 경험한 것들을 이야기해주셨다. 나는 어디서도 들을 수 없었던 이야기를 그분에게서 직접 듣는다는 감격과 기쁨으로 몹시 흥분했다. 그러다 보니 리액션이 과도해지고 말았다. 당시의 생생한 이야기를 열정적으로 들려주셨는데, 나는 그분의 말이 끝날 때마다 지나치게 반응했다. 말 중간중간 끼어들기도 하고, 호들갑에 가까운 맞장구로 말의 흐름을 끊기도 했다.

결국 그분이 정색을 하고 한 말씀 하셨다. "이 진지한 얘기를 왜 그렇게 가벼이 들어 넘기는 건가." 나는 '아차!' 싶었다. 팔순이 넘으신 분이니 그에 걸맞은 예의를 갖췄어야 하는데 젊은 학생들과 수업을 하다 보니 나도 모르게 가벼운 맞장구로 일관한 것이다. 상대를 염두에 두지 않는 리액션은 무례할 수밖에 없다. 학생들에게 말이란 상황과 의도에 맞아야 한다고 항상 강조했으면서 실제 나는 그러지 못한 것이다.

맞장구는 무조건 반응하는 것이 아니다. 상대의 흐름과 의도에 반대되어서는 안 된다. 무턱대고 끼어든다고 해서 맞장구가 되는 건 아니다. 잘못된 맞장구는 말하는 이의 집중력을 흩트리고 심기를 불편하게 한다. 잘못된 맞장구가 반복되다 보면 초점이 화자가 아니라 자기에게 맞춰지고 만다. 그러니 절제하고 들어야 한다. 불필요하게 끼어들지 말고, 필요 이상의 농담도 하지 말아야 한다. 잘 들으려면 상대가 말을 잘하게 하는 게 먼저 아니겠는가.

💬 부모는 왜 자녀의 말을 끝까지 안 들을까

상대의 말을 끝까지 듣지 않거나 제대로 듣지 않으면 부정적인 결과를 가져올 확률이 높다. 잘 듣지 않고 하는 말과 행동은 이기적일 수밖에 없기 때문이다. 여기서 이기적이라는 말은 자기 욕심만 채운다기보다는 자기 생각으로 끌고 간다는 뜻이다. 특히 부모들이 그렇다. 자녀의 말을 잘 듣지 않으면서 자녀를 지배하려고 한다. 대부분 부모가 자녀를 있는 그대로 받아들이려 하지 않는다. 말을 끝까지 듣지 않고 중간에 끊거나 성급하게 대신 말해버리곤 한다. 심지어는 불필요한 말로 본질을 흐리기도 한다. 흔히 말해서 물타기를 하는 것이다. 자녀는 그때 분노한다. 듣지 않는 부모는 자녀와 불통할 확률이 높다.

예를 들어 아이가 갑자기 학교에 가기 싫다고 했다 하자. 이때 부모들은 다음처럼 반응한다.

1. 경고하거나 협박한다. "학교엘 안 간다고? 그건 절대 안 돼! 학교를 그만둔다면 엄마나 아빠한테 도움받을 생각은 하지도 마!"
2. 훈계한다. "배움은 누구에게나 필요한 거야."
3. 가르치려 든다. "좋은 대학에 들어가야 안정된 직장을 얻을 수 있어. 또 월급이 훨씬 많아."
4. 비난한다. "생각이 아직도 어리구나!"
5. 비웃는다. "말하는 게 아주 깡팬데?"
6. 분석한다. "노력하기 싫어서 학교 가기가 싫은 거야."

7. 달래기도 한다. "네 마음 다 안다. 학년이 올라가면 좀 나아질 거야."

8. 심문하기도 한다. "학교도 안 나오면 앞으로 뭘 할 수 있겠니? 어떻게 살아가려고 그래?"

9. 회피한다. "지금은 식사 중이잖니. 다음에 이야기하자."

아이는 단순히 부모의 관심이나 사랑을 확인받고 싶어서였을 수도 있다. 하지만 자녀의 말을 온전히 듣지 않기 때문에 부모에겐 대번에 문제로 여겨진다. 이러면 소통 과정이 좋을 리가 없다.

이런 문제는 '진심으로 듣기'와 '절제하며 듣기'를 통해 완화할 수 있다. 자기 생각을 온전히 버리고 들으면 막혔던 관계가 통하게 된다. 내부에서 일어나는 많은 생각을 절제하고, 열린 마음으로 듣자. 그렇게 하기가 정 어렵다면 '진심으로 듣자!', '절제하며 듣자!' 하고 마음속으로 외쳐보자. "잘 듣자!"라고 소리 내어 외쳐도 보자. 입으로 소리를 내는 것은 매우 효과가 크다.

💬 적극적인 듣기는 상대의 감정까지 헤아리는 것

커뮤니케이션에는 소극적인 듣기와 적극적인 듣기가 있다. 먼저, 소극적인 듣기는 크게 세 가지로 나눌 수 있다.

첫째, 소극적인 맞장구로 듣기다. 상대가 한 말 중에서 중심 어휘나 표현을 반복해 상대가 말을 계속 이어가게 하는 방법이다. "저런!", "그래서 뭐라고 했는데?", "그러게 말이야" 등과 같이 상대의 말에 맞장구를 치면서 관심을 보인다. 이 방법을 너무 자주 사용하면 말하는 이의 집중력을 흩트리고 불편하게 할 수 있다.

둘째, 건성으로 듣기다. 듣고 있다는 표현을 하긴 하지만, 생각이 딴 데 샜다가 다시 돌아오면서 선택적으로 듣는 방법이다. 말하는 이에게 온전히 집중하지 않는다.

셋째, 침묵으로 듣기다. 이는 사실상 듣지 않는 것이다. 그냥 입을 다물고 말을 하지 않는 방법인데, 말을 안 하는 이유는 상대가 자신의 생각에 따르길 강요하기 때문이다. 부모와 자식 또는 상사와 부하 직원 사이에서 흔히 볼 수 있다.

침묵으로 듣거나 소극적으로 들으면 상대의 말이 빨리 끝나기를 기다리게 된다. 그러면서 속으로 미리 판단하고, 반박의 말을 생각하고, 상대의 말에 동의할지 안 할지만 셈하게 된다.

그에 반해 적극적인 듣기는 건성이나 침묵으로 듣는 것이 아니라 상대의 말을 있는 그대로 받아들이는 것을 말한다. 상대가 무슨 말을 할지 미리 생각하지 않고 자기 생각을 절제하고 듣는 방법이다. 언어적·비언어적 요소, 즉 몸과 음성을 통해 전달되는 모든 정보를 열린 마음으로 치우침 없이 받아들인다. 그러므로 말하는 이의 심중을 빨리 이해하고, 심지어 숨은 의미까지 파악한다.

말만 잘 들어도 상대의 심중을 이해할 수 있다. 우리에게 생기는 모든 문제는 사실 잘 듣지 않는 데서 시작된다.

그렇다고 적극적인 듣기가 말을 전혀 하지 않는 것은 아니다. 상대의 말을 듣기만 해서 교류가 되는 건 아니기 때문이다.

"네가 하고 싶은 얘기는……."

"그러니까 너의 말은……."

중간중간에 이렇게 말하면서 상대의 말을 다시 구체적으로 표현해준다. 어떤 의도인지를 좀더 정확히 짚어주는 것이다. 그리고 "얘기를 들어보니 힘든 상황이었네"라고 하면서 상대의 감정도 다시 확인해준다. 그런 과정을 겪으면 말한 이도 자기 말을 다시 한번 생각하게 된다. 적극적인 듣기란 열린 상태로 듣고, 말의 의도를 다시 표현해주고, 감정을 확인해주는 작업이다.

💬 소리를 선택적으로 듣지 말자

자기 귀가 자기 신체에 붙어 있지 않다고 생각해보자. 본인의 소리를 타인의 신체에 붙어 있는 귀로 듣듯이 객관적으로 들어보자. 나는 이를 가리켜 '타인의 귀'라고 한다. 사람들에게 "이제부터는 남의 귀가 되어 자신의 소리를 객관적으로 들으세요"라고 말한다. 배우를 지망하는 학생들에게도 자기 귀가 타인의 몸에 붙어 있다고 생각하고 듣기 훈련을 하라고 말한다. 잘 들리지 않으면 녹음을 해서 듣는 것도 좋다.

언어 훈련은 청력부터 시작해야 한다. 단점을 파악하지 못하고 이뤄지는 훈련은 방향 없이 노를 젓는 것과 같다. 본인에게 어떻게 들리는지, 타인에게 어떻게 들리는지 그 차이를 알아보자. 차이가 있음을 아는 것만으로도 말하기 능력은 향상된다. 청각적 언어 훈련은 목소리의 질을 높이고 말하기 능력을 키워준다. 사람들은 대부분 자신의 말에 익숙하고, 익숙하기 때문에 잘못된 언어 습관에조차 관대하다. 사실주의 연기의 창시자인 스타니슬랍스키(Konstantin Stanislavsky)는 훈련이란 사소한 것에서부터 시작한다고 했다. 바로, 자신을 객관적으로 듣고 분석하는 것이다.

맞장구에서도 마찬가지다. 소통하고 싶다면, 좋은 맞장구로 응대하고 싶다면 '듣기'부터 훈련해야 한다. 듣기가 중요하다.

CHAPTER 1. **몸으로 듣기**

듣기를 잘하면 모든 반응은 '타인의 귀' 이전과 이후로 나뉠 것이다. 듣기는 다른 관점으로 사물을 바라보게 한다. 있는 소리 자체에 집중해야 하는데 사실 대부분 사람은 있는 그대로 듣지 않는 경향이 있다. 지나 바네트(Gina Barnett)는 『역할을 연기하라(Play The Part)』라는 책에서 듣기란 신체적으로 주변 세상과 만나는 즐거운 시간이라고 소개한다. 소음이 증가하면 소리를 차단하거나 헤드폰으로 귀를 막는데, 시끄러운 환경이 고통스럽지 않다면 적극적으로 소리를 듣는 것도 즐거울 수 있다고 한다. 소리를 막기보다 집중하는 것이 더 매력적이라는 것이다.

어떤 드럼 연주자는 선로에서 들려오는 다양한 리듬을 듣기 위해 지하철을 탄다고 한다. 소리를 피하려고 애쓰기보다 긴장을 이완하고 차라리 소리를 안으로 들어오게 하면 스트레스가 줄어든다고 한다. 소리에 집중하는 훈련은 편안함과 활력을 주며, 소리의 풍부함과 놀라움을 알게 해준다. 타인의 생각에 집중하려면, 우선 자신의 생각에 사로잡혀 막대한 정신적 에너지를 소모하는 데서 벗어나 자신의 소리를 들어야 한다.

편한 곳에 앉아 눈을 감아보자. 자기가 내쉬는 숨소리에 집중해보자. 그리고 점차 주변의 소리에도 귀를 기울여보자. 소리를 선택하여 듣지 말고 들리는 모든 소리를 받아들이도록 한다. 자기 안에서 들리는 소리부터 밖에서 들리는 소리로 점차 확대해나간다. 위층이나 아래층 또는 옆방이나 거리에서 들리는 소리까지 모두 집중하여 듣는다. 몸 전체가 거대한 귀가 된 듯이 소리를 온몸으로 확장해 들어보자.

💬 눈으로도 듣고 말할 수 있다

듣기를 '눈으로 듣기'와 '태도로 듣기'로 나눌 수도 있다.

눈으로 듣기는 눈을 맞추며 상대의 이야기에 귀를 기울이는 방법이다. '내가 당신의 말을 적극적으로 듣고 있다'라는 것을 나타낸다. 상대가 이야기할 때 눈을 맞추지 않는 사람들은 공격적인 성향이 있다고 한다. 그리고 태도로 듣기는 상대에게 진심으로 듣고 있음을 태도로 보여주면서 듣는 방법이다. 듣기 기술이 뛰어난 사람에게서 잘 볼 수 있다. 이야기 도중 의자를 앞으로 당겨 상체를 상대 쪽으로 살짝 기울이면서 더욱 관심을 보인다. 귀가 아니라 상체를 상대에게 향하게 하여 적극적으로 듣는다. 상대의 말과 감정에 몸으로 적절히 반응하고 듣는다는 신호를 보내면서 듣는다.

내가 말할 때 상대방이 진심으로 듣고 있다고 느끼면 강력한 유대감이 형성된다. 진심으로 그리고 적극적으로 듣는다는 점을 상대가 느끼게 하려면 눈으로 들어야 한다. 눈맞춤은 커뮤니케이션에서 아주 중요한 요소다. 진심은 눈으로 전달되기 때문이다. 눈맞춤은 교감을 만들기에 단순한 행위이지만 영향력이 크다. 그저 눈만 맞추었을 뿐인데 상대방은 따뜻함과 존중받음을 느끼고, 에너지를 받는다.

과학자들은 눈을 오랫동안 맞추면 상호 교류, 관용과 관련된 호르몬인 옥시토신이 분비된다고 한다. 심지어 반려견과도 눈으로 교감할 수 있다. 반려견과 오랫동안 눈을 맞추면 호르몬이 분비되어 더 잘 돌보게 된다고 한다. 잘못한 반려견을 혼내려다가 초롱초롱한 눈망울에 마음이 풀리기도 하고, 반갑게 맞아주는 반려견의 눈빛에서 위안을 얻기도 하지 않는가. 심지어 눈을 보면 강아지의 성격을 알 수 있다. 강아지와 가까이서 마주 볼 때 눈이 불안감 없이 빛나면 좋은 성격이고, 눈빛이 험하고 날카롭다면 거친 성격의 강아지일 수 있다. 눈을 깜빡이며 애교를 부리는 강아지는 기가 약하고, 눈을 내리뜨거나 깜빡거리면서 불안감을 보이면 겁쟁이일 수 있다. 강아지의 눈을 통해 이처럼 많은 걸 알 수 있는데, 하물며 사람이랴.

정신분석가 이승욱의 책 『천 일의 눈맞춤』에 엄마와 아이의 대화법으로 '응시하기'가 나온다. 아기는 태어나고 개월 수가 늘어나면서 자신과 타인을 구별하는 능력이 커지는데, 18개월 이전에는 엄마를 타인으로 구별하지 못하며 엄마의 행동을 자신의 행동으로 생각한다고 한다. 그의 책에 다음과 같은 말이 나온다.

"영아기의 아이 얼굴에 종이를 붙여놓고 거울을 보게 하면, 아이는 자기 얼굴에 붙은 종이를 떼어내려고 하지 않고 거울에 붙은 종이를 잡으려 한다. 아직 자아를 인식하지 못하는 영아기의 아이는 눈에 비친 대상을 보고 행동할 수밖에 없다. 그러므로 아이는 자기 눈에 가장 많이 비치는 주 양육자의 얼굴과 표정을 타인이 아니라 자신이 하는 행위로 인식한다. 자신은 미소를 짓고 있지 않더라도 엄마가 미소를 짓고 있으면 아이는 자기가 미소를 짓고 있다고 믿는다. 엄마가 험악한 표정을 지으면 아이도 자신의 실제 상태와 상관없이 자기가 화가 나 있는 상태라고 믿는다."

– 이승욱, 『천 일의 눈맞춤』, 휴(休), 2016, p.141

응시하기(눈맞춤)는 양육에서 아주 중요한 일이다. 모유 수유는 1년 남짓이지만 수유하면서 눈을 맞추는 과정이 인간의 자아상을 형성하는 데 기초가 된다. 마이클 엘스버그(Michael Ellsberg)는 『눈맞춤의 힘: 마음을 훔치는 3분 심리학』에서 가장 짧은 시간에 상대의 마음을 읽는 기술이 바로 눈맞춤이라고 했다. 눈은 말이나 행동보다 먼저 메시지를 전달한다. 그는 처음 만난 사람과 매력적인 대화를 나누고 싶다면, 먼저 3분 동안 상대방의 눈을 바라보라고 권한다. 눈은 영혼의 창이기 때문에 눈맞춤만으로 상대에게 불꽃이 튈 만한 인상을 줄 수 있다.

뇌과학자들과 심리학자들은 눈맞춤의 기술이 여러 분야에서 실제 어마어마한 영향력을 나타낸다고 말한다. 상대를 사랑에 빠지게 하고, 상대의 필요를 읽어 성공을 거두게 해주고, 수많은 사람을 사로잡고, 눈빛만으로도 상대를 제압하게 한다는 것이다. 말이나 몸짓보다 빠른 소통 방법이 눈맞춤이다. 실제 사람들은 눈을 마주할 때 안정감과 편안함을 느끼고 인정과 존경과 이해를 받는다고 느낀다.

마이클 엘스버그는 누구나 눈맞춤 능력을 갖추고 태어나지만 자의식이 발달하면서 빠르게 잃어버린다면서, 눈맞춤 기술을 배워서 익히라고 말한다. 그는 살사에서 그 기술을 익혔다는 내용도 소개했다. 살사는 훌륭한 테크닉만으로는 부족하고 파트너와의 호흡, 그중에서도 서로를 바라보는 깊은 눈맞춤으로 완성된다고 한다.

💬 해석하지 말고 공감하며 듣기

잘 듣고 싶은데 그러지 못하는 이유는 무엇일까? 듣기도 훈련이 필요한 기술이다. 진심으로 듣고 이해하려면 듣는 기술이 필요하다. 듣는 방법에 따라 본심이 달리 느껴지고 반응이 달라지며, 그 때문에 감정이 달라지고 예상치 않았던 결과를 얻기도 한다. 그냥 듣는 것과 개방적인 자세로 듣는 것은 차이가 있다. 의식적으로 주의를 기울여 있는 그대로를 들어야 하는데, 이는 훈련을 통해 몸에 익혀야 한다.

대부분은 순간에 발생하는 소리를 조정하면서 듣는다. 하지만 조정해서 듣지 않고 공감하면서 들어야 한다. 자신의 생각으로 상대를 해석하며 듣지 말아야 한다. 얼굴과 눈과 말에만 집중하지 말고 열린 마음으로 상대의 전부를 보고 들어야 한다. 상대방의 상황이나 입장, 문화까지도 최대한 알려고 노력해야 한다. 메시지는 눈에 보이는 것 외에도 많은 방법으로 표출된다. 그러므로 시간을 들이고 집중하면서 개방적인 자세로 들어야 한다.

마음뿐 아니라 자세도 개방적이어야 한다. 굳게 다문 표정이나 지나치게 근엄한 자세는 개방적인 것이 아니다. 힘 빠지는 표정이나 공허한 표정도 안 된다. 천장을 보거나 눈을 감고 듣는 것도 좋지 않다. 상대의 말에 개방적인 마음과 자세로 듣고 있지 않다고 느껴지면, 잠시 멈추자. 가볍게 숨을 내쉰 다음 눈을 맞추고 몸을 상대에게 향하게 하고 온전히 함께 호흡하려고 노력하자.

말하는 이의 매력, 성품, 진실을 진정으로 느끼고 싶다면 자신의 생각을 모두 버리고, 행동을 모두 멈추고, 상대를 있는 그대로 받아들이자. 그러면 열린 마음이 생긴다. 자신의 생각과 맞지 않더라도, 급한 일이 있더라도 상대의 움직임과 목소리를 개방적인 자세로 들으면 신뢰가 생긴다. 그럼으로써 비로소 관계가 형성된다. 상황과 맥락이 이해되면서 진정한 맞장구를 하게 된다.

💬 공감은 최고의 맞장구다

타인이 바라보는 나와 실제 나 사이에는 거리가 있다. 이 거리가 좁을수록 인생을 살기가 편해진다. 민감한 사람일수록 피드백 듣기를 두려워한다. 그 피드백을 듣고 평가에 집착하면 소심한 사람이라고 취급받기 때문이다. 그런 한편, 모든 사람은 공감받고 이해받기를 원한다. 내면에서 일어나는 감정을 누군가 공감해줄 때 위안을 느낀다. 그래서 공감하는 맞장구는 매우 중요하다. 우리가 서로 더불어 살고 있음을 감정적으로 느끼게 하기 때문이다. 감정은 좋거나 나쁜 것으로 구분할 수 없다. 어떤 감정이든, 나도 모르게 드는 그 감정을 인정받을 때 위로가 된다. 그리고 그것이 최고의 맞장구다.

상대의 말을 들을 수 있는 사람은 인성이 바른 사람이다. 지금은 자기 표현의 시대이기에 다른 사람의 말에 귀를 기울이기보다 자기 생각을 먼저 이야기하려고 한다. 발레를 전공한 지인은 자기 딸이 너무 느리고 답답하다고 하소연했다. 저래서야 어떻게 이 세상을 살아가겠냐는 것이다. 그 아이의 담임선생님은 아이의 인품이 훌륭하다고 말했다는데, 지인은 "훌륭한 인품은 필요 없고, 손해 보지 않고 살아가도록 센스가 좀 있었으면 좋겠다"라고 말했다. 얼마 전에 그 아이와 단둘이 연극을 보고 저녁도 함께했다. 잠깐이지만 함께 시간을 보내면서 담임선생님의 말이 어떤 의미인지 알게 됐다. 그 아이가 편하게 공연을 보는지 어떤지 어른인 내가 살펴주어야 했는데 도리어 내가 배려를 받았다. 그렇다. 맞장구는 상대의 인격에 대한 배려이고, 그 배려는 듣기에서 시작된다.

이완

몸이 풀려야
말도 풀린다

💬 무엇이 나를 긴장하게 하는가

한 학회에서 예술치료사들을 대상으로 세미나를 진행한 적이 있다. 예술치료는 음악, 미술, 연극, 무용, 시 등을 체계적으로 사용하여 심리나 정신에 장애가 있는 내담자들을 바람직한 방향으로 개선하는 심리·사회·운동치료다. 세미나에서는 그중 연극 매체를 활용하는 방법을 소개했다. 모든 예술치료에는 심리적 긴장을 이완하는 과정이 필요하다. 상담을 받으러 오는 이들은 일반인보다 더 많은 심리적 긴장을 갖고 있기 때문에 이 과정이 무척 중요하다.

예술심리치료뿐 아니라 모든 분야에서도 긴장 이완은 반드시 필요하다. 심리적 측면만이 아니라 신체적으로도 그렇다. 글을 쓸 때도 손목이나 어깨 등의 부위가 사용되고, 책상에 앉아 있을 때도 특정 부위가 더 긴장한다. 사실 모든 사람이 긴장 속에 살아가며, 어려서부터 만들어진 습관이 성인이 되어서도 남는다. 사춘기는 주변을 의식하는 시기로, 그 시기의 행동들이 몸에 강하게 남는다. 습관적으로 긴장하며 방어적인 태도를 취하던 아이는 성인이 되어서도 긴장 상태를 유지한다.

긴장은 신체의 움직임뿐 아니라 말하기도 방해한다. '말'은 정보를 전달하는 가장 순수한 형태임에도 너무 쉽게 사용하기 때문에 중요하다는 사실을 잊곤 한다. 사회성에 문제가 생기면 심리와 신체가 더더욱 긴장하게 된다. 생각과 감정을 드러내지 못하게 되고, 목소리와 행동과 표정이 억제된다. 그러면 듣기도 제대로 하지 못한다. 말을 통해 주변의 정보를 받아들여야 하는데 긴장 때문에 듣지 못하는 것이다.

말은 감정을 가지고 있다. 그래서 누군가의 말을 들었을 때 주관적으로 판단하여 좋은 감정이 들면 더 관대해진다. 긴장하지 않은 상태에서는 타인이 지닌 고유한 특징을 좋은 감정으로 받아들이게 된다. 특히 세밀한 신호까지 들으려면 긴장감이 적어야 한다.

자신이 습관적으로 긴장하는 경향이 있다면 평소의 자세를 살펴봐야 한다. 특히 앉고 서는 방법이 잘못되진 않았는지 주의해서 보자. 머리와 목의 움직임, 어깨나 상체의 움직임, 입술과 턱의 움직임 등에서도 긴장이 발생한다. 잘못된 습관은 불필요한 긴장을 만들기 때문에 교정할 필요가 있다.

💬 긴장하면 에너지가 줄어든다

스피치 강의를 하다 보면 참석자들의 지위나 학식에 비해 전달의 기술이 부족한 예를 많이 본다. 굉장한 전문성을 갖추고 있으면서도 그에 걸맞은 카리스마나 아우라가 부족하다. 그 이유는 에너지가 적기 때문이다. 이런 얘기를 하면 대부분 어린 시절에는 그렇지 않았다고 대꾸한다. 목소리도 크고 굉장한 개구쟁이였는데 청소년기를 보내면서 나빠졌다는 것이다. 도대체 청소년기가 뭐길래 이렇게 딴사람으로 만들어놓는 걸까?

청소년기는 신체가 커지고 체중이 증가하면서 성적 성숙이 이뤄지는 시기다. 신체에 대한 관심이 높아지면서 심리에도 변화가 생긴다. 특히 신체적 성숙과 정신적 미성숙 사이에서 오는 불균형이 심각한 갈등과 혼란을 발생시킨다. 한마디로, 상상력은 풍부한데 정신적으로는 불안정한 시기다. 정서가 급격히 발달하고 감수성도 예민해지기에 쉽게 화내고 상처도 잘 받는다. 감정 변화의 폭도 매우 크다. 집단에 속하고자 하는 욕구와 독립의 욕구가 동시에 강하게 나타난다. 스스로 결정하려는 성향도 강해진다. 그래서 강압적이고 일방적인 교육을 쉽게 받아들이지 못하며, 합리적으로 설득해야 받아들일 수 있다.

청소년기의 불안정한 상태는 치우친 감정으로 나타나기도 한다. 지나치게 웃기도 하고, 타인의 시선에 예민해져 아예 표현을 안 하기도 한다. 입을 크게 벌리면 속마음이 노출될까 봐 입을 크게 벌려 말하지도 않는다. 그래서 이 시기에 긴장이 크게 발생하는 것이다. 말하는 게 쑥스럽거나 부담스러워 몸과 마음이 경직된다. 청소년기를 잘 보내야 하는 이유는 이때 발생한 긴장이 평생 따라다니며 괴롭힐 수 있기 때문이다.

청소년기라는 특징 외에 긴장이 많이 발생하는 또 다른 원인은 자신에 대한 부정적 평가다. 자신을 부정적으로 바라보면 자기도 모르는 새 신체가 수축되고 움츠러든다. 불안감이 생기고, 생각이 제한되고, 계획이 무너진다. 긴장은 스트레스를 주어 의욕이 사라지게도 한다.

누구에게나 긴장은 존재한다. 그러나 자기 안의 긴장에 자리를 내줄지 아닐지는 자기가 결정할 수 있다. 자신에게 "안

돼", "난 할 수 없어"라고 하면 긴장에 자리를 내주게 된다. 겁이 나고 짓눌리고 무기력해진다. 자기 안의 긴장은 환경이나 경험, 성격 등에서 나온다. 트라우마나 학대 같은 경험도 사람을 긴장시켜 점점 더 위축되게 한다. 자기 안에 어떤 부정적 시각이 있으며, 자신을 얼마큼 긴장시키고 방해하는지 살펴봐야 한다.

💬 생각의 꼬리를 끊는 방법

사람들은 긴장으로 인한 실수나 앞으로 실수할 것 같은 일들을 미리 걱정하며 불안해한다. 인간의 머릿속은 과거와 미래의 생각을 반복하도록 프로그래밍되어 있다. 아무리 생각을 버려도 쓸데없는 생각이 다시 찾아온다. 부정적이며 꼬리에 꼬리를 무는 사고 패턴은 좋지 않기 때문에 끊어야 한다.

작가 젤린스키(Ernie J. Zelinski)는 걱정의 30퍼센트는 이미 일어난 것들이고, 40퍼센트는 일어나지 않을 일이라고 말했다. 부정적인 생각이나 감정, 우울, 불안, 수치, 자기 회의 등은 의식적인 노력이 아닌 자동화에 의해 일어난다고 했다. 지속적으로 나쁜 기분에 가둬놓는 감정의 악순환이다. 이런 패턴들은 끊으려고 노력해도 실패하는 경우가 많은데, 이것을 끊는 단 하나의 방법은 현재를 사는 것이다. 현재에 집중하면 현재의 생각이 커지면서 과거나 미래의 부정적인 생각들이 바깥쪽으로 밀려나게 된다. 집중하는 방법으로는 크게 세 가지가 있다.

1. 생각의 흐름에 집중한다

우리는 안에서 듣고 밖으로 반응한다. 많은 생각을 하지만 어떻게 생각하느냐에 따라 행동이 달라진다. 생각이 흐르는 과정에 집중하면 한쪽으로 치우치지 않을 수 있다. 자기 안에서 어떤 생각이 흐르는지 집중하면 다른 사람의 생각이 어떻게 흐르는지에도 집중할 수 있다. 생각에 갇히지 말고 그 흐름에 집중하자.

머릿속에 떠오르는 생각을 소리 내어 말할 수도 있다. 굳이 그럴 필요가 있을까 하는 생각이 들겠지만, 실제로 소리 내어 말해보면 엄청난 차이가 느껴질 것이다.

2. 움직임에 집중한다

머릿속에 각인된 부정적인 생각들을 다른 곳으로 돌리려면 외부의 움직임에 집중하면 된다. 몸짓과 자세, 표정을 집중해서 살피자. 초점을 움직임에 두면 불편한 마음들이 사라진다. 밖에 집중하면 정신적 긴장이 줄어들어 마음이 편안해진다.

3. 목소리에 집중한다

맞장구를 위한 듣기에서는 평가나 비판은 하지 말고 목소리를 어떻게 사용하는지에만 집중한다. 말하는 사람이 음성, 톤, 발성, 호흡, 발음, 휴지, 강세, 장단, 고저 등을 어떻게 사용하는지 집중해서 듣자.

💬 **이완은 불필요한 긴장을 버리는 것**

한 대학교의 교육개발센터에서 '제대로 말하는 방법'이라는 제목으로 스피치 워크숍을 진행한 일이 있다. 교수님들을 대상으로 하는 워크숍이라 걱정이 컸는데, 의외로 학생들보다 더 적극적인 모습을 보여줘 깜짝 놀랐다. 학생들처럼 몸이 유연하지는 않지만 최선을 다해 임하는 모습이 신선했다. 학생들도 선뜻 따라 하기 힘든 동작까지 어떻게든 해보려고 적극적이었다. 한번 해보면 쉽지만 스스로는 하지 않을 '엎드려 다리 올려 소리 내기', '누워서 복식호흡 하기', '이상한 자세로 발성하기' 같은 불편한 동작들을 다 따라 했다.

참석자 중에 세계적인 석학인 ICT 분야의 교수님이 계셨는데, 발성에 대해 끊임없이 질문을 했다. 본인은 좋은 발성을 너무나 갖고 싶다면서 말을 하면 말 자체만으로도 영향력이 있었으면 좋겠다고 했다. 한국 기업이나 단체는 물론이고 세계적인 학술회의에 초청되어 기조연설도 자주 하는데, 좋은 발성을 얻기 위해 많은 노력을 했지만 도무지 나아지지 않더라고 했다. 간절한 의지가 느껴져 워크숍이 끝난 후에 시간을 조율하여 발성 훈련법을 알려드렸다.

훈련을 하다 보니 그분의 문제점은 발성에 있는 것이 아니라 긴장에 있다는 게 눈에 보였다. 잘못된 자세와 경직된 근육이 발성을 위축시켰던 것이다. 그래서 신체를 이완하는 데 집중했더니 특별히 발성 훈련을 하지 않아도 목소리에 좋은 울림이 생겼다.

이완은 몸의 힘을 모두 빼는 것이 아니라 불필요한 긴장을 버리는 것을 말한다. 온몸의 힘을 모두 빼면 손을 들 수도 없고, 앉아 있을 수도 없다. 불필요한 긴장은 버리고 소통에 필요한 긴장은 남겨두어야 하는데, 이를 가리켜 '적정 긴장'이라 한다. 사회적 관습 탓에 긴장하는 일이 잦다면 그것이 어디에서 오는지를 확인해봐야 한다. 긴장이 제거되면 호흡이 더 자연스러워지고 목소리도 풍성해진다.

💬 훈련보다 스트레칭이 더 중요한 이유

우리 선조들에게는 마당 문화가 있었다. 아침에 일어나면 마당에서 기지개를 켜고 하품을 한다. 몸을 두드리기도 하고 늘이기도 하면서 그날 할 일들을 생각하며 몸을 준비한다. 스트레칭이다. 자는 동안 긴장된 근육들을 쭉쭉 늘여주는 것이다. 하품을 하며 신선한 공기도 깊게 들이마신다. 호흡을 깊게 하고 산소를 잘 공급하여 피가 잘 흐르도록 몸을 정비한다. 우리도 이처럼 이완을 통해 언제라도 즉시 쓸 수 있도록 몸을 준비해놓아야 한다.

외국에서 지내다 일곱 살 때 귀국한 첫째는 이듬해부터 2년 반 동안 세계적으로 엄청 유명하다는 한국 쇼트트랙을 취미로 배웠다. 열 살에 다시 독일로 가는 바람에 쇼트트랙을 탈 곳이 없어서 1년 동안 못 타다가, 우연히 쇼트트랙을 하는 학교와 연결되어 다시 타게 됐다. 그런데 한국의 쇼트트랙이 얼마나 강한지 그곳에서 실감하게 됐다. 쇼트트랙 선수도 아니었고 주말 취미반이던 아이가 그 지역 시합에서 1등을 한 것이다. 한국의 쇼트트랙 기술이 얼마나 뛰어난지 선수들을 비교해보니 금방 알 수 있었다. 코치도 "독일에는 이만한 자세로 타는 아이가 없어"라면서 연신 브라보를 외쳤다.

독일에서 쇼트트랙을 다시 시작한 첫째는 여름방학 때 한국에 와서 스파르타식 훈련을 받았다. 훈련 첫날 또래 선수들과 함께 훈련을 마치고 돌아온 첫째는 거의 죽어가는 목소리로 이렇게 말했다. "엄마, 나 말이야. 죽고 싶다는 생각을 처음으로 해봤어. 너무 힘들어서 죽고 싶었어."

아이는 또래 선수 모두가 하나같이 국가대표급이라고 했다. 정말 깜짝 놀랄 정도로 잘하는데 왜 저렇게 훈련을 또 하는지 이해가 안 된다고 했다. 또 하나 이상한 것은 스트레칭을 많이 안 하는 것이라고 했다. "엄마, 독일에선 훈련은 많이 안 하는데 스트레칭을 엄청 많이 했어. 그런데 여기서는 이렇게 훈련을 많이 하는데도 스트레칭은 별로 안 해. 그래서 허벅지랑 다리랑 손만 대도 너무 아파."

독일에선 이렇게 훈련해본 적이 없었는데, 한국에 와서 첫날부터 군대식 훈련을 했으니 오죽하랴. 아이는 제대로 걷지도 못했다. 만약 훈련 전후로 이완을 더 오래 했다면 근육이 이렇게 놀라진 않았을 것이다.

이완을 많이 하는 사람은 아마도 발레리나일 것이다. 발레리나는 스트레칭이 일상이다. 그녀들은 연습을 하기 전에 몸을 늘이는 스트레칭만 한 시간을 한다. 그런 다음 본격적으로 연습을 하고, 연습이 끝나면 연습 때 사용한 근육을 다시 이완하기 위해 한 시간 동안 몸을 푼다. 그만큼 스트레칭이 중요하다. 보통은 연습할 시간도 부족한데 무슨 스트레칭이냐면서 준비운동 없이 바로 운동으로 넘어가지만, 모든 운동에는 스트레칭이 반드시 필요하다.

말하기 수업을 할 때도 입만 움직이면 되는데 굳이 스트레칭이 필요하냐는 사람들이 있다. 하지만 시간이 부족해서 이완 과정을 건너뛰고 바로 훈련에 들어가는 날에는 소리가 자유롭지 못함을 깨닫게 된다. 특히 처음 수업을 시작하는 사람일수록 눈에 더 드러난다. 대중 앞에서 말하기를 할 때는 먼저 몸과 마음과 발성기관을 이완하는 것이 필수다. 그래야 몸과 정신의 자유로움을 얻을 수 있다.

몸과 마음을 이완하는 스트레칭 방법

전신 이완

손을 위로 뻗으면서 신체를 경직시킨다. 마치 나무가 태양을 향해 몸통을 쭉 뻗어 올리듯이 뻗어 올린다. 신체의 축을 누군가 위에서 잡아 올린다는 느낌을 받도록 한다. 그런 다음 손목, 팔꿈치, 어깨, 목, 허리 순으로 차례대로 힘을 풀어 떨어뜨린다.

1. 두 팔을 위로 뻗으며, 온몸을 경직시킨다.
2. "흠~" 하는 소리를 내면서, 손목의 긴장만 완전히 풀어 떨어뜨린다.
3. "흠~" 하는 소리를 내면서, 팔꿈치의 긴장만 완전히 풀어 떨어뜨린다.
4. "흠~" 하는 소리를 내면서, 어깨의 긴장만 완전히 풀어 팔을 떨어뜨린다.
5. "흠~" 하는 소리를 내면서, 머리의 긴장만 완전히 풀어 머리를 떨어뜨린다.
6. "흠~" 하는 소리를 내면서, 허리의 긴장만 완전히 풀어 상체를 아래로 떨어뜨린다.
7. "흠~" 하는 소리를 내면서, 온몸에 힘을 빼고 바닥에 소리 없이 눕는다.

누워서 이완하기 1

등이 바닥에 닿게 눕는다. 두 다리는 어깨너비로 벌리고, 손은 골반 옆에 한 뼘 정도 떨어진 곳에 놓는다. 손, 발, 골반, 등, 머리, 목, 어깨 등이 경직되지 않도록 한다. 특히 목과 어깨가 긴장되지 않도록 지속적으로 확인한다.

1. 편안한 상태에서 "흠~" 하고 허밍을 길게 낸다. 바닥을 통해 전달되는 소리의 진동을 온몸으로 느낀다. 가슴, 등, 어깨, 골반, 팔, 손, 다리, 발, 목 그리고 머리에 소리의 진동을 느낀다. 진동에 집중한다.

2. 상상한다. 따뜻한 바다 위에 떠 있다. 들숨과 날숨을 반복하여 복식호흡을 한다. 출렁이는 파도에 몸을 맡긴다. 출렁이는 가상의 파도에 신체가 반응하는 것을 느낀다. 멀리서 파도가 밀려온다. 파도의 움직임을 허밍으로 나타낸다. 이완된 복부 근육으로 허밍의 강약을 조절한다. 소리울림의 강약이 곧 파도의 움직임이다. 커다란 배가 멀리에서 "부웅~" 소리를 내며 가까이 다가오고 있다. 뱃소리가 점점 크게 들리더니, 어느새 내 곁을 지나간다. 뱃소리가 점점 작게 들린다. 신체가 가상의 따뜻한 바다 위에 둥실 떠 있다.

누워서 이완하기 2

1. 상상한다. 태양이 내리쬐는 모래사장 위에 누워 있다. 모래는 기분 좋을 만큼 따뜻하다. 태양의 열기로 데워진 모래가 신체를 기분 좋게 해준다. 손으로 모래의 촉감을 상상한다. 상상의 모래를 손가락으로 만지작거린다. 모래 속으로 빨려드는 듯하다. 아이처럼 편안하게 즐긴다. 하품을 한다.

2. 누운 상태로 주위에서 나는 작은 소리까지 듣는다. 아주 작은 소리에도 귀 기울인다. 평소에 인지하지 못했던 소리까지 들으려고 한다.

3. 나의 의식이 몸에서 분리된 것처럼 느낀다. 영혼이 가볍다. 의식이 몸에서 떨어져 나와 누워 있는 나를 내려다본다. 몸이 깃털처럼 가볍다. 몸이 가벼워지는 것을 느낀다.

마리오네트 흉내 내기

마리오네트의 줄 인형이 됐다고 상상한다. 손목, 팔꿈치, 어깨, 목, 머리, 허리, 무릎, 발에 줄이 달려 있다. 척추만 곧게 펴져 있고, 신체의 다른 부분에는 모두 힘이 빠져 있다. 가상의 인형 조정자가 있어서 관절에 연결된 줄을 잡아당기고 있다. 팔꿈치, 손목, 무릎, 어깨, 허리가 차례로 당겨진다. 어느 순간, 인형 줄이 모두 끊어진다.

팔 위로 당기기

누운 상태에서 오른팔을 머리 위로 들어 바닥에 놓는다. 오른손 끝에 음료수병이 있다고 상상한다. 움직일 수 있는 건 오른팔뿐이라 상상하고 30초 동안 잡으려고 노력한 후에 잡는다. 왼팔도 똑같이 한다.

벽 밀기

가상의 벽이 있다고 상상한다. 양팔로 가상의 벽을 민다. 그다음 발로도 민다. 팔과 다리를 이용해 가상의 벽을 무너뜨린다.

배꼽에 실 꿰기

배꼽에 상상의 실이 꿰어져 있다고 가정한다. 손으로 당기면서 실이 꿰어져 있는 배꼽을 느낀다. 실이 잡아당겨짐을 상상한다. 점점 앞으로 당겨지는 배꼽과 복부를 느낀다. 어느 순간 상상의 줄이 끊긴다.

마음 이완하기

인생은 타이밍이라고 한다. 그런데 상대의 말에 바로 반응하여 그 감정을 동의해주어야 할 때는 감정을 절제하고, 욱하는 마음이 들 때는 한 템포 쉬어주고 감정을 정리한 후에 표현해야 하는데 즉시 나서곤 한다. 좋지 못한 감정이 올라와 갑자기 욱하는 마음이 들면, 호흡을 길게 한 번 내뱉고 스트레칭하면서 한 템포 쉬어가야 한다. 호흡을 길게 뱉는 행위는 템포를 늦추는 행위다. 화가 났을 때 크게 호흡 한 번 하고 말하라는 이유가 여기에 있다.

마음의 이완은 약함을 보완한다기보다 개방하고 확장한다

는 개념이다. 삶에서의 심리적인 습관을 제거하고 다양한 자극을 주어 유연성을 갖게 하는 일이다. 이완이 제2의 천성이 되면 맞장구가 쉬워진다. 심리적 긴장을 이완하는 것은 신체적 긴장을 이완하는 것이다. 모든 문제는 긴장에서 시작되므로 그것을 해결하려면 이완 말고는 방법이 없다.

작은 신호도 놓치지 않는
꼼꼼한 습관

💬 관찰력을 키우는 훈련

잘못된 습관을 고치지 못하는 이유는 자신을 객관적으로 보지 못하기 때문이다. 자기가 생활하는 모습을 녹화해서 본다면 대부분 깜짝 놀랄 것이다. 다른 사람 눈에는 자신의 행동이 의도와 다르게 보인다는 걸 알게 되기 때문이다. 자신의 태도가 타인에게 오해를 불러일으킬 것 같으면 행동을 수정해야 한다. 또한 맞장구를 하기 위해 자신의 모습이 의도와 맞는지도 확인해야 한다.

그러려면 자신의 모습을 관찰할 수 있어야 한다. 의식적으로 관찰해야 한다. 남들에게 물어보기도 하고, 동영상으로 녹화하여 상태를 살피기도 해야 한다. 자신을 객관적으로 볼 수 있는 관찰자가 되면 타인의 섬세한 표현도 즉시 인지할 수 있다. 훈련이 전문가를 만드는 것이다.

자신과 타인을 잘 이해하려면 일상의 모습을 관찰하는 훈련을 해야 한다. 눈앞에 놓인 것들을 사진을 보는 것처럼 자세히 관찰하고, 사물이 어디에, 어떻게 놓여 있는지 기억하는 훈련이다. 이 훈련은 상대의 행동을 관찰하여 분석하는 데 도움이 된다. 관찰을 훈련해보자. 두 명 이상의 친한 친구나 가족이 함께해도 좋고 소그룹에서 활용해도 좋다.

1. 한 명(A라고 하자)이 주변에 있는 소품들을 준비하여 책상 위 자신이 원하는 위치에 원하는 대로 배치한다. 주변에서 흔히 찾을 수 있는 컵이나 노트, 볼펜, 메모지, 책, 머리핀, 핸드폰, 비타민, 립스틱, 지갑, 필통 등이면 된다. 이때 다른 사람들은 물건을 배치하는 모습을 봐서는 안 된다.
2. A가 그 물건들을 자세히 관찰하고 기억한다. 배치된 상태를 핸드폰으로 찍어놓아도 좋다.
3. 다른 곳을 보던 사람들이 시선을 돌려 물건들을 30초가량 자세히 관찰한다. 그리고 다시 시선을 돌린다.

4. 다시 A가 물건들의 위치를 크게 또는 미묘하게 바꿔놓는다. 그리고 나머지 사람들에게 위치가 바뀐 물건들을 원래 자리로 옮기라고 요청한다.

5. A 외의 사람이 자신들이 관찰한 기억을 더듬으면서 처음 위치로 바꿔놓은 후에, 모두 옮겼다고 생각되면 "끝"이라고 말한다.

6. 바꾼 물건의 위치를 파악한 A는 잘못 옮겨진 소품들의 위치를 다시 바꿔놓는다. 물건의 위치가 맞는지 저장된 핸드폰 사진으로 확인해본다.

이 훈련을 반복하면 관찰력이 향상된다.

💬 몸짓을 관찰하면 속마음이 보인다

상대의 신호는 먼저 몸짓을 통해 나타난다. 몸짓은 대부분이 무의식에서 나오는 '무의식적 감정'이다. 표정을 통한 감정 전달은 0.002초 이내에 일어나기 때문에 본능적인 감정에 기초한다.

신체적인 움직임을 관찰해보자. 상대의 행동을 관찰하면 그 사람의 속마음을 알 수 있다. 크게 어려울 것 없다. 상대의 움직임을 있는 그대로 관찰하면 된다. 손과 발의 움직임까지 살펴보자. 간혹가다 말과 행동이 다른 사람이 있는데, 그 사람의 속마음은 입을 통해 나오는 말이 아니라 행동 속에 숨어 있다. 여기서는 두 가지 사례를 예로 들어보려 한다.

하나는 몇 년 전, 친정엄마의 생신 때 있었던 일이다. 아들 딸에 사위, 손주들이 모두 모여 생신을 축하해드리려고 식당을 예약하고 케이크를 준비했다. 오랜만의 모임이라 모두들 즐겁게 이야기를 나누며 저녁을 먹었다. 그런데 엄마는 이야기에는 크게 관심을 두지 않고 음식은 식으면 맛이 없다면서 빨리 먹으라고 재촉하셨다. 그래도 이야기꽃은 쉽게 사그라들지 않았다. 그때 언니가 "엄마, 왜 그래? 뭐가 그렇게 급해?" 하고 물었다. 엄마는 "사실은 친구들이 저녁을 사주겠다기에 약속을 했는데 가족 모임이 생겼다는 얘기를 미처 못 했지 뭐니"라고 하셨다. 언니가 약속을 겹쳐 잡으면 어떡하시냐고 했지만, 나이가 들어서는 친구가 가족보다 더 중하다며 일찍 자리를 뜨셨다. 같은 딸인데도 나는 아무것도 눈치채지 못했지만, 언니 눈에는 안절부절못하시는 엄마의 모습이 보였던 것이다.

또 하나는 네 살짜리 아이를 둔 지인이랑 함께 쇼핑몰에 갔을 때의 일이다. 한참을 돌아다니다가 어느 순간 지인이 아이에게 "응가 마렵니?" 하고 물어봤다. 그러자 아이가 고개를 끄덕였다. 나는 두 아들 모두 이미 그 시기를 지나서 네 살짜리 아이의 걸음에 나타난 미묘한 변화를 느끼지 못했다. 그러나 아이 엄마는 대번에 알아봤다. 엄마는 아이의 세밀한 관찰자이기 때문이다.

일상에서 아무리 소소한 부분일지라도 누구나 보려고만 하면 볼 수 있다. 행동은 상태를 나타내므로 조금만 자세히 보면 파악할 수 있다. 큰 사건이나 엄청난 상황이 아니라 소소한 행동을 관찰하는 것이다. 사람들이 행복하지 않은 것은 어찌 보면 작은 것을 놓치기 때문일 수도 있다. 섬세히 관찰하는 습관은 상대가 신체를 통해 내보내는 미미한 신호를 즉시 파악하게 해준다. 그러면 상대와 깊고 활기 넘치는 교류를 할 수 있다. 다만 부분적으로 보는 것이 아니라 자세히, 정확하게 봐야 한다.

'몸'과 '생각'은 같은 것이다. 호르몬의 영향으로 위에서 위산을 만들면 배가 고프다는 생각을 하게 된다. 즉 호르몬의 작용이 생각이라는 얘기다. 호르몬을 만드는 물질은 단백질이며, 단백질은 곧 근육이다. 그러므로 생각이란 자기 신체에 붙어 있는 근육과 같은 것이다.

주변 사람들의 행동을 유심히 관찰해보자. 그가 어떻게 움직이는지, 어떻게 말하는지 자세히 보자. 움직임과 목소리를 관찰하면서 그 사람의 성격이 어떤지 파악해보자. 성별, 나이, 직업, 지위, 성격 그리고 장소나 상황에 따라 어떻게 움직이는지 관찰해보자. 저마다 움직임이 다름을 알 수 있을 것이다. 이런 훈련이 되면 움직임만 봐도 그 사람의 직업이나 지위, 성격, 나이를 유추할 수 있다.

💬 목소리가 그 사람의 성격을 말해준다

신체 움직임을 객관적으로 관찰하듯 목소리도 객관적으로 관찰해보자. 주변 사람들에게 어떤 언어 습관이 있는지 파악해보자. 언어 습관은 그 사람의 말하는 패턴을 뜻한다. 말을 할 때 어떤 패턴이 나타나는지 주의 깊게 보자. 목소리만 듣고 그 사람의 직업, 지위, 성격, 성별, 나이 등을 파악할 수 있는지 실험해보자.

또 목소리에 비유를 사용해보자. 이 사람의 목소리는 마치 벨벳 같다, 쇳소리 같다, 유리 같다, 얼음 같다, 이불 같다, 솜털 같다, 기름 같다 등으로 표현해보자. 목소리로 사람의 성격을 파악할 수 있을 것이다. 상대의 성격이 파악되면 맞장구도 쉬워진다.

목소리를 관찰할 때는 남들만이 아니라 자신도 포함시키자. 자신의 올바르지 못한 언어 습관을 고쳐야 상대방과 교감하는 맞장구가 가능해진다. 자신의 언어 습관을 객관적으로 살펴보자. 스피치 교육을 하다 보면 "오늘 처음 알았어요", "제가 평소에 그렇게 말하는군요, 정말 몰랐어요"라든지 "생각보다 심각하네요", "그 정도까지는 생각하지 못했어요" 등의 반응을 자주 접하게 된다. 본인의 의도가 다르게 받아들여지는 이유를 타인에게서만 찾았는데, 자신의 올바르지 못한 언어 습관 때문일 수도 있다는 사실에 다들 적잖이 놀란다.

몸

관심 있는 사람에게
발끝이 향하는 이유

💬 왜 말보다 몸이 먼저 나갈까

신체는 때로 언어적 표현을 대체한다. 언어가 보여주지 못하는 것들을 나타내기도 하고, 잠재적인 욕구를 드러내거나 말과 다른 의미를 전하기도 한다. 메시지를 통제하거나 감성적으로 전하기도 한다. 몸을 사용하는 것은 메시지를 극적으로 전달하는 데 효과적이다. 예컨대 만날 때 악수를 하거나 헤어질 때 손을 잡는 행동 등은 말보다 더 큰 효과를 가져온다.

비언어적 커뮤니케이션을 할 때는 특히 상반신이 주로 이용된다. 표정과 머리와 목의 자세에서 메시지가 드러난다. 상황이나 감정을 나타내기 위해 상체를 이용하기도 한다. 예를 들어 위기 상황을 모면했음을 표현하기 위해 가슴을 쓸어내린다든지 갑갑한 감정을 드러내기 위해 가슴을 친다든지 하는 행동들이다. 이처럼 상반신과 관계된 몸짓은 감정을 판단할 때 중요한 단서가 된다.

맞장구는 상대에게 보내는 언어적·비언어적 메시지를 잘 전달하기 위한 기술이다. 우리는 상대를 볼 때 먼저 눈을 보게 된다. 눈이 붙어 있는 곳은 얼굴, 즉 머리다. 그리고 상체는 머리와 가까이 붙어 있다. 머리와 상체를 잘 사용하면 전달력이 높아진다. 머리와 상체는 상대의 마음을 읽거나 상대가 나에 대해 잘 이해하도록 도와주는 신체 기관이다. 머리에는 얼굴의 표정, 상체에는 몸의 표정인 몸짓이 있다. 이를 통해 희로애락은 물론 친밀함이나 거부감도 표현할 수 있다. 몸짓에는 심지어 속에 감춰진 자신의 모습까지 담긴다.

🗨️ 몸이 기억한 건 오래간다

강의를 할 때 보통 강사는 이야기하고 청중은 듣는다. 그런데 스피치 강의는 일반 강의와 달리 듣고 끝나는 것이 아니라 직접 말로 연결하여 적용할 수 있어야 한다. 듣기에서 끝나면 효과가 없다. 나는 스피치 강의 때 청중에게 이완, 호흡, 발성 같은 동작을 설명하고 따라 해보라고 계속해서 권한다. 머리로 이해하는 것이 아닌 몸으로 이해하는 강의다. 머리로 이해하는 것에는 한계가 있다. 뇌는 우리 몸의 한 부분이기 때문이다. 그에 비해 전체 근육을 사용하면 오래 남는다.

하루는 특강을 위해 관계자들과 만나 미팅을 했다. 그 관계자는 나에게 '스피치' 하면 일반적으로 입만 움직이면 되는데 왜 몸으로 훈련하는지 그 이유를 알고 싶어 했다. 그래서 설명을 해줬더니 그가 갑자기 말했다. "아하! 그래서 고등학교 때 독일어 선생님이 우리보고 뛰면서 der, des, dem, den······을 외우라고 하셨군요. 다른 건 다 잊었는데 뛰면서 외웠던 격변화만큼은 아직도 기억이 나요."

뇌의 기억보다 몸의 기억이 오래 남기 때문이다. 그뿐 아니라 몸으로 하는 기억은 몸을 통해 나오는 신호를 빨리 이해하게 해준다. 머리로 반응하는 것이 아니라 몸에서 반응하기 때문이다.

💬 맞장구는 머리가 아닌 몸으로 해야 한다

나는 연기와 연출을 전공했다. 그래서 연기 시험도 많이 치렀다. 러시아어도 서툰 내가 러시아어로 대사를 외우는 건 무척 힘든 일이었다. 그런데 손을 활용하니까 그 긴 대사가 잘 외워졌다. 학생들 중에는 연기 연습을 하라고 하면 가만히 앉아서 머릿속으로만 하는 친구들이 있다. 그럴 때 나는 이렇게 말한다. "일어나. 일어나서 손을 막 움직이면서 연습해. 그래야 장면이 명확히 기억나!"

나는 러시아어로 된 대사를 암기할 때 머리만이 아니라 몸 전체를 썼다. 마치 손사래를 치듯 손을 휘젓기도 하고, 손끝에 힘을 주고 공중에서 손을 움직이며 외우기도 했다. 손끝을 통해 감정과 상황을 분출하며 암기했으니 뇌에 자극을 주는 훈련인 셈이다.

가만히 앉아서 '나 보기가 역겨워 가실 때에는' 하고 외우면 잘 안 외워진다. 왜냐하면 머리로만 기억하니까 그렇다. 그런데 손끝에 힘을 주고 손목을 휘저으며 외우면 잘 외워진다.

'나 보기가 역겨워 가실 때에는
말없이 고이 보내 드리오리다
영변에 약산 진달래꽃
아름 따다 가실 길에 뿌리오리다'

그리고 한번 외운 것들을 오래 기억할 수 있다. 머리로만 기억한 게 아니라 몸이 기억했기 때문이다. 몸에 저장됐기 때문이다. 아기들이 걷기 시작할 때도 머리로 이해해서 걷지 않고 몸의 반복된 행동으로 입력하여 기억한다. 그렇게 하면 자동화가 되어 자신이 인지하려고 애쓰지 않아도 자동 세팅이 된다. 우리도 머리가 아닌 몸의 기억을 믿어야 한다.

맞장구도 머리가 아닌 몸으로 해야 한다. 몸으로 시작하는 소통, 나와의 소통, 상대와의 소통, 세상과의 소통. 몸으로 하는 맞장구가 행복한 변화를 만든다.

아부나 끼어들기, 호들갑은 맞장구가 아니다.
좋은 맞장구는 상대를 돋보이게 하면서
자신을 상대와 동등한 위치로 끌어올려 준다.

CHAPTER 2. 거울처럼 반응하기

말주변이 없어서
단답형 대답밖에 못 하는 사람을 위한

한쪽으로만
흐르면 막힌다

💬 어릴수록 과장되게 맞장구쳐주는 게 좋다

요즘은 조부모가 손주를 맡아 키워주는 예가 많다. 연세가 있으신 할아버지, 할머니는 손주의 움직임을 조금도 놓치지 않고 즉시 반응한다. 손주가 웃으면 더 크게 웃어주고 손을 흔들면 더 크게 손을 흔들어준다. 세상에서 제일 소중한 손주 앞에 자신이 서 있다는 것을 알린다. 걱정하지 말라고, 지지한다고 표시하면서 정서적으로 아이를 안정시킨다. 우리는 지지받을 때 감정과 사고가 더욱 힘을 받는 인격체다.

그런데 요즘 조부모들은 지긋이 바라보면서 지지만 해서

는 안 된다. 같이 놀아주기도 해야 한다. 말만 하면서 놀아주는 것이 아니라 몸으로 같이 놀아줘야 인기 있는 조부모가 된다. 놀아줄 때 가장 많이 하는 놀이가 바로 '변신! 트랜스포메이션!'이다. 사자가 되기도 했다가, 로봇이 되기도 했다가, 다시 상어가 되기도 한다. 장난감을 가지고 놀면서도 몸과 목소리를 가지고 무언가를 흉내 내면서 따라 하곤 한다.

자녀가 부모에게 자신의 감정을 인정받았다고 느끼게 하려면, 조부모가 손주에게 하듯이 자녀의 감정을 똑같이 반응해주어야 한다. 부모가 더 과장된 반응을 보였을 때 교육 효과가 80퍼센트 이상 높아진다는 연구 결과도 있다. 이는 우울하고 반응이 적은 부모 밑에서 성장한 아이들은 발달이나 학습 능력에 장기적으로 문제가 될 수 있다는 말이기도 하다. 우울하지는 않더라도 과묵한 부모에게서 자란 자녀들 역시 크게 다르지 않다. 아이들은 어른에 비해 미세한 것까지 알아채는 능력이 약하기 때문에 상대가 강하고 분명하게 반응해주지 않으면 잘 인식하지 못할 수 있다. 부모로서는 나름대로 반응한 것이지만 아이들은 부모가 냉담하거나 무관심하다고 여길 수도 있다.

반응 수준은 아이가 성장함에 따라 달라져야 하는데, 어릴수록 더 분명하고 과장되게 맞장구쳐주는 것이 좋다. 아이가 열심히 노력해서 젓가락을 사용해 반찬을 집어 먹었다고 해보

자. 이를 보고 "세상에, 이제는 젓가락질도 잘하네!"라고 감탄사를 연발하면서 과장되게 칭찬하면 아이의 자신감과 자부심이 엄청나게 커질 것이다. 이때 신체적인 제스처를 쓰면서 엄지손가락을 치켜세운다든지, 쓰다듬거나 안아준다든지 하면 아이들은 그 행동을 반복하면서 부쩍 성장할 것이다. 그러나 기껏 젓가락질에 성공했는데 별다른 반응 없이 묵묵히 식사만 하는 부모를 본다면 자녀는 좌절감을 느낄 수 있다.

어떤 부모는 너무 지나친 맞장구는 아이가 공동체에 적응하는 데 어려움을 주지 않을까 걱정하기도 한다. 하지만 그런 걱정은 할 필요가 없다. 아이들은 맞장구 속에서 성장하고 인지능력도 향상된다. 오히려 문제는 부모들에게 맞장구 기술이 부족하다는 것이다. 멀리 있는 관객에게 대사를 전달하기 위해 배우가 큰 소리로 발성을 하고 과장된 분장을 하고 연기를 하는 것처럼, 상대에게 반응을 명확히 표시하기 위해 맞장구를 더 확실히 해야 한다.

💬 맞장구는 아부가 아니다

사회생활을 하다 보면 마음과는 달리 소극적이라는 오해를 살 때가 있다. 자신은 회사를 위해 열심히 일하는데, 성과를 내도 그것을 제대로 드러내지 못해 일한 만큼 인정받지 못한다고 느끼는 사람이 많다. 그에 비하면 동료들은 상대적으로 높은 평가를 받으며 진급도 빠르다. 이런 상황이라면 자기가 사내 정치에 약하기 때문이라고 생각하겠지만 진짜 이유는 커뮤니케이션, 즉 맞장구가 부족하기 때문이다.

직장은 저마다 독특한 '기업문화'를 가지고 있는데 CEO들은 대부분 적극적인 사람의 말에 귀를 기울인다. 왜냐하면 회사 일을 결정하고 진행할 때 별 반응이 없으면 반대하는 것으로 여겨지기 때문이다. 회사의 팀장이나 상사, 리더의 고민이나 의견에 경청하고 있다는 것을 적극적으로 표시해야 한다. 진지하게 듣고 있다는 것을 전해야 한다. 맞장구도 없고, 질문도 없으면 상사나 리더는 외로워진다. 올바른 맞장구가 없는 곳에는 아부하는 자가 파고들어 자리를 차지한다. 상사들이 넘어지는 이유는 큰 것들이 아니라 작은 것들에서 비롯된다. 달콤한 말과 아부에 현혹된다. '맞장구'를 아부로 착각하는 사람들의 '영혼 없는 맞장구' 말이다. 액션을 취하는 사람들은 그것을 감별해야 한다. 우리에게 필요한 것은 진정한 맞장구이고, 진정한 맞장구는 상대방에 대한 배려. 그 상대가 상사건 동료건 후배건 가족이건, 반응을 해주어야 한다. 그러므로 타이밍이 중요하다.

지인 중 한 사람은 자기 엄마를 가리켜 '리액션 대장'이라고 했다. 어느 날 승진을 했는데, 발표가 나자마자 가족에게 알렸다. 그런데 리액션 대장인 엄마가 아무 말도 하지 않았다. 이상하다고 생각했는데, 조금 후 동료들과 나눠 먹을 간식을 한 보따리 사 들고 회사 앞으로 달려오셨다고 한다. 그 엄마의 맞장구는 행동하는 맞장구였고, 타이밍을 놓치지 않는 맞장구였다. 딸을 아끼고 사랑한다는 엄마의 마음을 딸이 넘치도록 느끼게 해주었던 것이다.

💬 상대가 무엇에 반응하는지 살피자

강의나 프레젠테이션 같은 대중 스피치를 주로 하는 사람들에게도 맞장구에 대해 이야기하고 싶다. 맞장구는 맞장구를 유도한다. 편한 일상에서 이야기할 때는 맞장구가 날개를 단 듯 활개를 친다. 누가 뭐라 할 것도 없이 서로에게 몰입되어 맞장구친다. 그러나 공적인 자리에서의 스피치는 분위기가 다르다. 본인에게 맞장구칠 사람을 청중에 배치해놓지 않는 이상 맞장구 반응을 듣기가 쉽지 않다. 그럴 때는 맞장구를 유도하여 반응을 얻을 수 있다. 대중 스피치는 경직된 자리이기 때문에 말하는 이가 청중의 맞장구를 유도해야 한다. 그러지 않으면 청중은 멀뚱멀뚱 보기만 할 것이다. 대답을 유도하고, 손을 들게 하고, 서로 웃고 손뼉 치고 입을 열게 해야 한다. 맞장구로 반응과 공감을 유도하면서 소통해야 한다.

어떤 강연자들은 청중이 반응하지 않는다고 불평을 한다. 내가 이렇게 열심히 준비했는데 왜 반응이 없는지 모르겠다는 것이다. 반응이 좋아야 자기도 더 많은 것을 알려줄 것 아니냐면서. 그러나 많은 사람 앞에서 스피치를 할 때는 상대의 자발적인 반응을 요구하기 전에 내가 상대의 반응에 반응하는지를 먼저 살펴야 한다.

사람들은 발표나 강의를 잘하기 위해서 많은 것을 준비한다. 자료도 수집하고 파워포인트에 넣을 사진이나 동영상도 찾아본다. 준비하고 편집하고 열심히 강의안이나 발표안을 만든다. 그리고 연단에 오른다. 그러면 청중은 그 좋은 내용을 보면서 '당신은 내가 얼마나 많이 준비했는지 바라만 보고 있어라' 같은 느낌을 받는다. 그보다는 상대의 반응을 살피면서 교감하고 다시 반응해야 살아 있는 발표가 되며, 그럴 때 양측이 모두 만족할 수 있다. 혼자서 자기 할 말을 하면 다 끝났다는 식의 태도는 교류가 아니다. 교류는 말 그대로 흘러가게 하고 흐름을 받아야 한다. 상대가 무엇에 반응하는지를 살펴야 한다.

유명한 스타 강사들을 보면 청중과의 교류에 많은 시간을 투자한다. 그들은 초반에 청중에게 질문하면서 반응을 살핀다. 질문하는 액션을 취하고 되돌아오는 반응을 잘 살피면서 맞장구를 친다. 그러면서 청중의 상태와 분위기, 그날 강의가 어떻게 흘러갈 것인지를 예측하고 판단한다. 그들은 청중의 리액션에 맞는 맞장구를 사용하면서 교류가 더욱 깊어지게 한다. 이것이 그들이 스타 강사가 된 비결이다.

🗨️ 리액션의 달인들은 뭐가 다를까

박경림이 진행하던 MBC 라디오 「2시의 데이트」에 게스트로 나간 적이 있다. 「마리텔」에서 풍차 교수로 불린 후의 첫 방송이었는데, 독특하고 재미있다며 라디오에서도 섭외가 들어왔다. 사람들은 나에게 언어 장애가 있다는 걸 잘 모른다. 외국에서 15년 동안 살다가 막 들어온 터라 가끔은 적절한 단어가 생각나지 않기도 했다. 게스트로 불러주니 고맙긴 했지만, 부족한 점이 참 많다는 생각에 부담이 컸다. 박경림 씨는 이런 내 사정을 잘 이해해주었다. 내가 긴장하거나 실수해도 맞장구를 잘 치면서 자연스럽게 다른 말로 연결해 분위기를 전환해주었다.

우리나라를 대표하는 MC들도 얼마큼 맞장구를 잘 치는가로 능력을 평가받는다. 그 맞장구를 통해 국민의 호감을 얻는 것이다. 유재석이 국민 MC를 유지하는 것도 게스트에 맞는 맞장구로 시청자의 호감을 얻기 때문이다. 강호동도 맞장구의 달인이다. 그의 표정을 보고 있자면 한 편의 드라마 같아서 참으로 재미있다. 상대가 아직 말을 다 마치지도 않았는데 이미 더한 표정으로 맞장구치고 있다. 상대보다 더 과한 반응으로 상대의 분위기를 미리 만들어낸다. 18년 동안 「아침마당」을 진행해온 이금희 아나운서도 그렇다. 일반인이 방송에 출연하면 많이 긴장하게 되는데 열린 마음으로 맞장구를 잘 해주기 때문에 출연자들도 그에 힘을 얻어 매끄럽게 이야기를 이어간다. 「속풀이쇼 동치미」에 출연했을 때 김용림 선생님을 만났는데 그분도 다른 사람의 이야기를 듣는 데 도사 수준이다. 하나도 놓치지 않고 그에 맞는 맞장구를 입으로 소리 내어 바로 반응해주었다.

왕종근 아나운서의 부인 김미숙 씨와도 친한 관계인데 항상 나에게 이렇게 말해준다. "현아 교수님, 방송은 내가 선배잖아? 반응이 중요해. 리액션을 얼마큼 잘하느냐에 따라 방송 분위기가 달라져. 상대의 말을 잘 듣고 반응해야 해." 어떤 말이든 잘 받아치는 것이 중요하다는 것이다. 감정을 느끼는 것에서 그치지 않고 잘 되받아쳐야 한다는 것이다. 김미숙 씨는 방송을 하다 보면 패널이나 게스트들이 서로 좋은 말만 해주진 않는다고 한다. 오늘 빛났다가 내일 사라지는 직종의 사람들인지라 상대를 배려하기보다는 자신이 더 빛나야 하기 때문이란다. 그럴 때 기죽지 않고 잘 받아쳐야 자신이 산다는 것이다.

한번은 김미숙 씨가 내게 이런 말을 해줬다.

"현아야, 방송 잘 봤어. 좋아, 잘했어. 그런데 너무 시나리오대로 하지 마. 그러면 방송이 살아 있지 못해. 시나리오를 받으면 미리 숙지는 하되, 중요한 것은 흐름이야. 흐름을 타면서 자기 말이 들어가야 해. 흐름이 바뀌었는데 시나리오대로 하면 재미가 없어져. 중요한 건 흐름이야. 다른 사람들이 무슨 말을 하는지 잘 몰입해서 듣고 있다가 그 흐름에 자연스럽게 올라타는 거야. 알았지? 현아야. 흐름을 타, 흐름이야."

고마운 언니다. 토크 방송에서 중요한 것은 집중하고 몰입하면서 흐름 속에 존재하는 일이다. 그것이 바로 맞장구다.

💬 눈맞춤은 대화의 3분의 2 정도면 충분하다

눈맞춤은 소통한다는 의지의 표시다. 안경을 썼던 나는 유학 시절 무대에 서면 객석의 관객들이 잘 보이지 않았기에 당시 유행하던 라식 수술을 받고 싶었다. 안 보이는 것은 아니지만 명확하게 보이지가 않았다. 관객의 얼굴 부위에 시선은 가지만 정확한 눈맞춤을 하기 어려웠다. 답답함을 느끼던 차에 친구들이 라식 수술을 했다는 이야기를 듣고 나도 수술을 받고 싶어졌다. 오직 진실한 눈맞춤을 위해서 말이다. 병원에서 수술에 관한 전반적인 검사를 받았는데, 의사가 "수술할 정도의 시력은 아니신데요"라고 했다. 의사는 안경을 쓰는 게 더 낫다고 했지만 무대에서 관객과 꼭 눈맞춤을 하고 싶다는 강한 의지로 수술을 고집했다.

수술이 끝나자 내 눈이 잘 보이는지 확인차 지인 몇이 집에 놀러 왔다. 지인들은 축하한다며 잘 보이느냐고 물었다. 마침 정면 유리창에 '메모'라고 쓰인 포스트잇이 붙어 있었다. 지인들이 그 단어가 보이느냐고 물었다. 나는 너무 잘 보인다며 크게 "메뉴"라고 읽었다. 지인들은 시력이 문제가 아니라 뇌가 문제인 것 같다며 한바탕 웃었다. '메' 자만 보고 나에게 익숙한 단어가 툭 튀어나온 것이다.

어쨌든 그 이후로 상대와의 눈맞춤이 더욱 강렬해졌다. 확실히 눈을 쳐다보니까 강렬한 인상을 남기게 됐다. 가끔은 상대가 부담스러워할 때도 있었다. 상대와의 눈 교감을 지나치게 원하는 바람에 너무나 뚫어지게 바라본 것이다. 상대는 다른 곳에 시선을 돌리고도 싶고, 시계를 봐야 할 상황이 생기기도 하는데 내가 시선을 거두지 않으니 당황하기도 했다.

눈빛에는 에너지가 있으므로 눈 주변 근육을 부드럽게 움직여 따스한 분위기를 만들어야 한다. 눈맞춤도 교감의 3분의 2 정도면 충분하다. 눈맞춤은 지나치게 안 해도 문제지만 지나치게 해도 교감이 원활하지 않을 수 있다.

눈맞춤의 효과는 매우 강력하다. 우리는 눈맞춤을 통해 상대를 파악한다. 눈맞춤이 없으면 상대가 보내는 세밀하고 중요한 신호를 인식하지 못한다. 상대의 자세는 어떤지, 목의 위치가 어떤지, 말할 때 입술의 움직임은 어떤지, 손동작은 어떤지, 시선 처리는 어떤지, 걷는 동작은 어떤지, 표정은 어떤지, 어떤 패턴으로 움직임을 사용하는지 눈을 통해 확인함으로써 상대를 쉽게 분석할 수 있다. 때론 상대가 나에게 시선을 두지 못하는 이유도 알게 된다. 심리적 이유인지, 습관적 행동인지 말이다. 습관적 행동이라면 그 행동이 발생하게 된 원인이 궁금해질 것이고, 그러면서 상대의 과거를 이해할 수도 있게 된다.

눈맞춤에서는 시선도 중요하지만 그에 못지않게 눈 주변의 섬세한 근육 움직임도 중요하다. 사람의 심리 상태는 눈 주변 근육을 통해 나타나기 때문이다. 눈 주변 근육이 움직이지 않고 입만 웃으면 거짓 웃음으로 보이는 이유가 이 때문이다.

눈맞춤에서 강조하는 것 중의 하나가 하던 일을 멈추고 눈을 맞추라는 것이다. 하던 일을 멈추지 않으면 시선이 상대에게 갈 수 없다. 또 하던 일을 멈추되 눈맞춤을 하지 않으면 소통이 원활해질 수 없다. 상대의 말을 듣다가 그 말의 목적에 맞는 제스처로 고개를 끄덕이거나 추임새로 맞장구를 해주면 더욱 끈끈한 소통이 된다. 본인에게 반대하는 의견을 내는 사람일지라도 좋은 태도와 표정으로 눈맞춤을 하면 분위기가 달라질 수 있다. 대화 시간의 3분의 2만큼 눈맞춤을 하라고 권하지만, 상황이나 상대에 따라 달라질 수 있다. 자신의 시선이 상대에게 향하고 있다는 것은 소통의 의지를 보여주는 것이며, 이것이 진실한 눈맞춤 기술이다.

💬 유대감을 높이는 스킨십의 힘

최근의 화두 중 하나인 '미투(#MeToo)'는 2006년 타라나 버크(Tarana Burke)가 약자인 소수인종, 여성, 아동들이 피해 사실을 드러냄으로써 서로의 경험을 공감하고 연대하며 사회를 바꿔나가도록 창안한 운동이다. 이 운동이 확산됨에 따라 피해자들이 자신을 드러내기 시작했다. 그리고 2017년에 하비 와인스타인(Harvey Weinstein)의 연예계 성범죄 파문이 큰 반

향을 일으켜서 현재는 연예계를 넘어 재계와 정계로 범위가
확대되고 있다.

그런데 한편에선 이 미투 운동이 오히려 여성을 배제하
는 수단이 되진 않을까 우려하는 목소리도 있다. 정치권에서
는 여성들과 악수를 잘 하려고 들지 않는다든가, 여성 보좌진
은 전부 내보내고 남자만 뽑아야겠다는 등의 농담도 오간다.
잘못된 관습을 바로잡는 것은 당연하며 올바른 처사다. 그러
나 그 때문에 우리에게 있는 강력한 스킨십의 힘을 기피해서
는 안 된다고 생각한다. 스킨십은 남성이나 권력에 대한 부정
적인 이미지가 아니라 인간과 인간 사이의 유대감을 나타내는
말로 쓰여야 한다. 부모·자식 간, 동료 간, 부부간의 스킨십은
따뜻함과 유대감을 만든다. 상심한 친구는 어떤 위로의 말보
다 따뜻하게 안아주는 데서 더 마음이 풀릴 때가 있다. 부부간
에도 많은 말보다 체온을 느끼는 포옹이 더 강력할 때가 있다.

한 유아교육 전문가는 부모가 자녀에게 정서적 안정을 주고
싶다면 여러 말보다 등교 전에 몇 초간 강하게 안아주는 것이
청소년기의 방황을 예방한다고 한다. 부모의 따뜻한 품을 기
억하는 아이는 학업 집중도도 높고, 정서가 안정된 아이는 부
모가 눈에 안 보여도 언제나 당당하다.

가끔 미팅 후에 악수를 하며 헤어지는 경우가 있는데, 그 악

수를 통해 전달된 느낌이 오래도록 남기도 한다. 힘이 느껴지는 악수, 짧지만 부드러움이 전달되는 악수 등은 일에 에너지를 공급한다. 스킨십은 상대적인 것이다. 스킨십을 했는데 상대의 기분이 나빠진다면, 그것은 스킨십에 부정적인 의도가 있기 때문이다. 좋고 편안하고 신뢰가 느껴지는 스킨십이어야 강력한 유대감을 만든다.

💬 추임새는 관객을 하나로 만든다

우리나라 판소리에는 추임새라는 것이 있다. 흥을 돋우기 위해 고수나 청중이 추임새를 넣어 판소리의 분위기를 지지하는 것을 가리킨다. 추임새는 감탄사로 '위로 끌어올리다' 또는 '실제보다 높여 칭찬하다'라는 뜻을 가지고 있다. "얼씨구", "잘한다!", "아무렴", "얼쑤", "좋다!" 등이 흔히 쓰인다.

추임새는 창을 하는 사람과 고수 또는 관객 사이에 이뤄지는 상호작용이자 교감이다. 관객의 추임새는 개인이 느낀 감상을 소리하는 사람에게 보내는 극히 개인적인 행위다. 그렇지만 소리꾼뿐 아니라 소리판 전체에 영향을 끼친다. 고수의 추임새는 청중의 추임새를 받아 대변하거나 청중의 추임새를 유도하기도 한다. 소리꾼을 격려하고 그의 능력을 극대화한다. 추임새는 분위기에 따라 선택적으로 사용해야 한다. 예컨 대 슬플 때는 슬픈 추임새의 어조, 즐거운 대목에서는 흥겨운 추임새의 어조를 사용해야 한다. 추임새는 소리꾼, 고수, 관객 을 모두 함께 묶어준다. 추임새라는 맞장구는 개인 종목이 아 니라 팀 종목이다.

IT산업이 발달하면서 세계가 더욱 가까워졌다. 스마트폰으 로 아침을 알리고 뉴스나 날씨를 살피고 SNS를 사용하여 서 로 연결하고 교류한다. 모두가 친구들이다. 인스타그램, 트위 터, 블로그, 페이스북 등으로 타인과의 거리가 가까워졌다. 그 러나 남들이 올려놓은 멋진 삶들을 보고 있자니 나의 삶과는 거리가 느껴지는 듯하다. 다른 한편으로, 거리는 가까워졌는 데 포장한 듯 보이기도 한다. 나와 상호작용하거나 교류되는 것들이 없는 듯하다. 가식적으로 느껴질 때도 있다. 공감이 없 으면 사람은 외로워진다.

드라마를 볼 때도 딴 세상 얘기가 아니라 마치 내 얘기처럼 들릴 때 공감하게 된다. 여자 주인공의 상황에 나의 마음과 몸 이 함께 빠져들 때 몰입된다. 남자 주인공이 하는 모든 말과 행동에 나의 세포가 반응할 때 더욱 몰입하게 된다. 그러다 보 면 드디어 드라마와 내가 한 몸이 된다. 남의 얘기가 아닌 바 로 나의 이야기, 나의 남편 이야기, 나의 자녀 이야기, 나의 부모 이야기로 이입될 때 하나가 된다.

함께 하나가 되기 위해 '우리'를 의도적으로 강조한 사람이 있다. 바로 오바마 전 미국 대통령이다. 그는 15분이라는 짧은 연설에서 15초마다 '우리'라는 말을 사용하여 미국인들의 마음을 미국이라는 하나의 팀으로 묶어내는 데 성공했다. 60번이나 반복된 '우리'라는 말은 흩어진 미국을 하나로 모으기에 충분했다.

"나도 당신과 같아."

"나라도 그런 상황이었으면 정말 힘들었을 거예요."

"나라면 도저히 못 참았을 거예요."

"맞아요, 진짜 그래요."

이렇게 같은 감정을 느낀다고 인정해줄 때 우리는 외로워지지 않는다. 큰 위로를 받는다. 이것을 가리켜 '유사성의 법칙'이라고 한다. SNS에 올라온 포장된 모습만이 아닌 자신과 유사한 부분이 있는 사람들에게 끌리는 것도 이 때문이다. 특히 우리 민족은 더 그렇다. 영화의 단골 대사인 "우리가 남이가?"라는 이 한마디가 대변하듯이. 적절한 추임새는 우리를 하나의 팀으로 만드는 가장 적절한 맞장구 수단이다.

테크닉

소소한 데서
큰 차이가 만들어진다

💬 **액션의 크기는 무대의 크기만큼**

내가 자주 활용하는 대극장 무대와 소극장 무대 예가 있다. 대극장에서 연기하는 배우들의 움직임은 크고 강렬해야 한다. 너무 작은 움직임만을 사용하면 멀리 앉은 관객은 연기에 공감하지 못할 것이기 때문이다. TV 같은 매체에서 연기하듯 한다면 관객들은 극적 에너지와 감동은커녕 배우가 지금 뭘 하고 있는지 답답해할 것이다. 대극장에서의 연기는 대극장에 맞는 기법으로 연기해야 한다. '과장된 연기'라는 말을 많이 하는데 그건 그다지 적절한 표현이 아니다. 과장은 부정적인 이미지로 많이 쓰이기 때문이다. 그보다는 행동과 목소리가 소극장보다 크다는 표현이 더 적합할 것이다.

소극장에서의 연기는 그와 반대다. 대극장에서 하듯 지나치게 고함을 지르며 운다든지 움직임을 과장한다든지 하면 바로 눈앞에 앉은 관객은 심히 부담스러울 것이다. 소극장의 무대와 객석의 물리적 거리는 섬세한 내면 연기와 등장인물의 심적 변화에 금방 반응할 수 있는 수준이기 때문이다. 요컨대 소극장의 포르테(forte: 세게)가 대극장의 포르테가 될 수 없고, 대극장의 피아노(piano: 여리게)가 소극장에서의 피아노가 될 수 없다. 무대마다 그에 맞는 적정한 표현법이 있다.

우리 삶도 무대와 마찬가지다. 내가 상대에게 맞장구를 쳤지만 상대가 알아채지 못한다면 정확히 알 수 있도록 맞장구 쳐야 한다. 상대에게 맞는 적절한 맞장구로 반응해야 한다. 어찌 보면 우리에게 일어나는 모든 불통의 문제는 상대에게 전달되지 않은 리액션의 결과일지 모른다. 부모는 자녀를 사랑하지만 자녀는 부모의 사랑을 전달받지 못한다. 자녀도 부모를 향한 마음이 크지만 그 마음이 부모에게 전달되지 못한다. 아쉽게도 많은 사람이 죽음 직전에서야 비로소 오해를 풀고 서로에 대한 사랑을 이야기한다. 왜 꼭 죽기 직전이 되어서야 서로의 소중함을 깨닫는 걸까? 첫째는 마음의 부족이고, 둘째는 기술의 부족일 것이다. 그러나 피로 맺어진 관계인 만큼 마음의 부족은 아닐 것이다. 그렇다면 기술이 부족한 거다.

마음이 들어가는 일에 기술을 이야기하면 사기꾼이나 나쁜 사람으로 취급해버리는 경향이 있다. 순수한 본질을 훼손하는 나쁜 것이라고 단정 짓는다. 마음이나 감정, 믿음, 신뢰, 본질, 사랑, 이해, 감동, 희망 같은 순수하고 본질적인 것들을 흐리게 하고 심지어 왜곡한다고 느낀다. 그런데 만약 그런 순수하고 본질적인 단어들에 기술이란 말이 어울리지 않는다면 세상의 모든 예술가는 사기꾼일 것이다. 예술가들은 본질에 대해 끊임없이 이야기하는 동시에 기술에 대해서도 이야기하니 말이다. 예술가들은 가짜가 아니다. 그들은 진짜다. 가짜로 연기하는 배우를 금방 알듯이 진심으로 연기하는 배우도 금방 알 수 있다. 우리 뇌에는 서로를 통하게 하는 거울 뉴런(mirror neuron)이 있기 때문이다. 그 부분은 언어 영역이 주관하는 곳이 아니기 때문에 논리적인 말로 설명하기가 어렵다. 그러나 우리는 느낄 수 있다. 예술가가 지향하는 본질을 우리가 함께 느낀다. 예술가들은 말로 설명하기 어려운 부분을 표현하는 사람들이기에 제대로 전달하기 위해 끊임없이 기술을 연마한다.

💬 연습은 실력을 바꾼다

지인인 성악 선생님이 있다. 부산에서 태어나 음악을 전공했는데, 열정적인 그의 엄마가 사랑하는 딸을 더 넓은 곳으로 보내려고 서울에 있는 예술고등학교로 입학시켰다.

지금도 마찬가지이지만 당시 자녀를 예고에 보내는 엄마들의 열정이란 말로 다 할 수 없을 정도였다. 머리부터 발끝까지 아이의 모든 필요를 부모가 채워줬다. 레슨, 학업, 의복, 식사 등 모든 스케줄에 대해 엄마가 매니저 역할을 한다. 레슨으로 받는 스트레스 역시 엄마가 해결해주고 픽업까지 도맡는다.

그러나 또래와 달리 그 선생님은 혼자서 일어나 도시락도 직접 싸고 교복을 다려 입고 레슨도 혼자 다녔다. 10대 때 하나부터 열까지 혼자서 직접 했던 그는 대학을 졸업하고 캐나다로 유학을 갔는데 유학 생활이 전혀 힘들지 않았다. 중·고등학교 시절부터 하던 일이라 나라만 바뀌었을 뿐 전혀 생소하지 않았다. 반면 부모가 모든 것을 해주던 유학생들은 그제야 혼자서 모든 일을 해야 했기에 적응하지 못하고 고국으로 돌아가는 경우가 많았다.

연습은 이처럼 앞으로 할 일을 근육에 미리 학습시켜놓는 것을 말한다. 경험은 뇌와 신체에 저장되어 그 사람의 면역력과 역량을 높여준다.

나는 지금도 노래하는 걸 좋아한다. 평상시에도 늘 흥얼거리며 노래한다. 지금은 연습의 결과로 조금 하는 편인데 예전엔 정말 못했다. 엄청 좋아하지만 음이 맞지 않았다. 나는 이성보다 감성이 더 발달했다. 노래만 부르면 속에서 나도 알 수 없는 감성이 앞서서 항상 음 이탈이 생겼다. 흔히 '삑사리'라고 하는 것 말이다. 감정이 밀려오니까 음이 조금씩 올라가 샤프(#)가 된다. 소리도 '라' 이상 안 올라가는데 자꾸 높이기만 하니 어떻게 됐겠는가.

그런 와중에도 노래는 내 삶의 일부였다. 중학교 때는 합창반에 지원해서 테스트도 받았다. 합창반 선생님은 한숨을 푹 쉬시더니 "그렇게 하고 싶으면 그냥 앉아만 있어라"라고 하셨다. 유학을 가서도 노래에 대한 열망은 식을 줄 몰랐다. 몸도 단련하고 성악 수업도 받은 덕에 실력이 부쩍 늘었다. 몸을 쓰면서 노래를 하니까 폐활량이 늘면서 성량도 풍부해졌다. 자신감도 생겼다.

연극학교에서 주최하는 보컬 콩쿠르에 도전장도 냈다. 러시아 「로망스」와 우리나라 「진도 아리랑」을 불렀는데, 그랑프리를 받았다. 한국에 있을 때 노래를 부르면 "시끄러워! 그만해!" 이런 소리만 들었는데 지금은 이런 목소리가 없다는 둥 타고났다는 둥 하는 얘기를 듣는다. '처음부터 노래를 잘했는데 지금은 더욱 잘한다'가 아니다. 정말 못했는데 연습했더니 달라졌다는 얘기다.

이런 자신감으로 나는 러시아 국립 공연예술원에서 공부했고 '붉은 졸업장'도 받게 됐다. 전 과목에서 A를 받은 학생에게만 주는 명예로운 우수졸업장이다. 유학을 떠날 당시 말 한마디 못 했는데 러시아 학생들도 받기 어려운 붉은 졸업장을 받은 것이다. 이는 '열정'과 '의지'와 '연습'이라는 삼박자가 잘 갖춰진 덕이라 생각한다. 그중에서도 특히 연습은 열정을 대신하고 의지를 대신할 수 있는 단어다. 연습을 통해 의지와 열정의 온도도 확인할 수 있다.

💬 풍부한 전달력을 지닌 목소리

유학 시절, 연극학교에는 성악 수업이 있었다. 연극을 하기 위해서는 신체와 음성을 모두 습득해야 하기 때문이다. 그런데 내가 입학한 과는 연기·연출학과여서 성악 수업은 없고 앙상블 수업만 있었다. 한국에는 초등학교 때부터 음악 수업이 있기 때문에 대부분 사람이 악보를 읽고 노래를 부를 수 있다. 그러나 러시아는 한국과 좀 다르다. 문화와 예술이 발달한 나라임에도 음악을 공부하는 학교에만 교과목에 음악 수업이 있어서 어떤 이들은 계이름도 모른다. 대신 음악학교를 나온 아이들의 음악 수준은 굉장히 높다.

아무튼, 앙상블 교수님이 내게 목소리가 너무 좋다고 꼭 성악 훈련을 받아야 한다며 유명한 성악 교수님의 전화번호를 알려주었다. 한국에서는 목소리가 크고 시끄럽다는 말만 듣던 내가 목소리가 좋으니 꼭 성악을 배웠으면 좋겠다는 말을 들은 것이다. 이때껏 노래 잘한다 소리를 한 번도 들어본 적이 없었기에 상당히 기분이 좋았다. 그것도 문화와 예술의 수준이 높은 러시아에서 말이다. 다른 사람이 착각하지 말라고 하든 말든, 나는 그 말을 진심으로 받아들이고 아나톨리 키셀료프(Anatoly Kicelev) 교수에게 전화를 걸었다. 소개해준 교수님과 나에 대해 이야기하고 만날 날짜를 정했다.

드디어 키셀료프 교수님을 만났다. 발성을 들어본다며 목소리를 테스트한 교수님이 내 목소리의 장점과 특징을 이야기해주셨다. 소리에 대해 이해를 잘하고 듣기도 굉장히 훌륭하다, 한국 학생을 여러 명 가르쳤는데 대부분이 소프라노나 테너이지 나 같은 메조소프라노가 없다, 아주 탁월하다 등의 이야기를 해주셨다. 듣는 내내 기분이 좋았고 감동적이기까지 했다. 아무것도 모르는 내가 성악 교수 앞에서 목소리에 대한 평을 듣고 있으니 말이다. 그런데 끝으로 "나는 전문가들을 가르치는 사람이야. 너는 여기서 연출을 공부하잖니. 미안하지만, 성악 전공자를 가르치기에도 시간이 부족해서 널 가르치기 어려워"라는 게 아닌가. 키셸료프 교수는 당시 차이콥스키가 1회로 졸업한 상트페테르부르크의 림스키 코르사코프 콘서리바토리의 성악 주임 교수이면서 연극대학의 보컬학과 학과장이기도 했다. 나는 노래에 대한 열망이 컸기 때문에 "어디에 어떻게 사용될지는 나도 모르겠지만 너무나 배우고 싶습니다" 하면서 거의 조르다시피 해서 레슨을 받기 시작했다.

지금 와서 생각해보면 상대에게 미치는 영향력은 논리보다 열망에 있는 것 같다. 그렇지 않고서야 연출학과인 나를 그분이 왜 제자로 받아주었겠는가. 꿈같은 시간이 흘러갔다. 인간의 몸 어디에서 그런 강력한 소리가 나올 수 있으며, 어떻게 그런 감동을 줄 수 있는지 성악을 배우는 내내 행복했다.

키셸료프 교수의 교수법은 무척 독특했다.

"현아! 소리를 좀더 모아. 점이 있다고 생각하고 소리를 한 곳으로 모아. "

"소리를 띄워. 진동으로 소리를 띄워."

"현아! 소리에 사랑을 실어."

"소리에 질투를 넣어봐."

"아이를 잃은 집시의 마음을 소리에 담아."

"목소리가 하늘 같다고 상상해봐."

"고요한 새벽이야. 안개가 있고 모닥불은 꺼지고 이제 헤어질 시간이야. 소리에 이야기를 담아서 표현해."

말도 안 되고, 이해도 안 가는 말들이다. 모두 추상적이고 종잡을 수 없다. 눈에 보여야지 정확하게 행동하는데, 도대체 이해도 안 가고 손에 잡히지도 않는 말들을 이해하라고 끊임없이 설명한다. 나는 이해는 잘 안 되지만 떼쓰며 가르쳐달라고 했던 초심을 기억하면서 반주자의 연주와 교수님의 이야기를 받아들이려 노력했다. 알 수는 없었지만 그런 느낌을 내려고 스스로에게 집중했다.

그런데 놀랍게도, 말로 표현하기는 어렵지만 나의 음성에 실리는 표현과 감정이 무척 달라졌다. 목소리가 바뀌고 있다는 것이 느껴졌다. 소음같이 크기만 했던 목소리가 감동을 전하는 목소리로 바뀌었다.

그 교수님의 기술은 나에게 강한 영향력을 행사했다. 나의 목소리가 풍부한 전달력을 지닌 목소리로 바뀐 것이다. 누가 몰래 보물을 숨겨놓았는데 그 기술로 보물을 얻은 듯한 느낌이었다. 배우면 배울수록 더 큰 보물을 얻는 것 같았다. 노래에 국한된 것만은 아니다. 인생을 흥미롭고 즐겁게 만들고 싶다면 자신이 보물이라고 생각하는 것을 찾아 나서야 한다.

💬 즉흥적으로 표현하면 자유로워진다

개그맨들이야말로 리액션이 훌륭한 사람들이다. 그들은 상대의 언어와 비언어를 모두 놓치지 않고 반응한다. 즉흥과 반응이 뛰어나다.

16~18세기 이탈리아에서 코메디아 델라르테(commedia dell'arte)라는 즉흥극이 탄생했다. '기술(아르테)'을 가진 배우가 연기하는 '희극(코미디)'을 말하며, 즉흥적 연기에 기반을 둔다. 이들은 유럽 전역을 돌아다니며 공연을 하는데 언제, 어디서, 어떤 상황에서 공연할지를 예측할 수 없기 때문에 늘 다양한 레퍼토리를 준비해야 했다. 또한 준비된 레퍼토리를 유동적으로 바꿀 수 있는 기술도 갖춰야 했다. 즉흥적인 연기가 되려면 배우 스스로 작가와 연출가를 겸해야 했다. 즉흥이 되려면 훈련이 필요하고 상대와의 호흡, 즉 맞장구도 중요하다.

다음은 즉흥을 활용하는 두 가지 방법이다. 「마리텔」에서 방송된 후 화제가 된 '풍차 돌리기'와 '독침 쏘기'다.

풍차 돌리기

풍차 돌리기는 풍차를 돌리면서 소리를 내는 방법이다. 학생들은 처음에 "교수님, 서서 말하기도 힘이 드는데 어떻게 옆돌기를 하면서 소리를 낼 수 있어요?" 하고 말한다. 그런데 옆돌기 하는 방법을 알려주고 텍스트를 넣어서 말을 하라고 하면 학생들은 소리에 힘이 생김을 직접 체험하게 된다.

한 단계 올라가면, 이 방법에 즉흥을 넣는다.

1. 파트너와 멀리 떨어져 선다.
2. 파트너 이름을 감정을 실어 크게 부른다.
3. 옆돌기를 한다.
4. 파트너에게 하고 싶은 말을 감정을 넣어서 즉흥적으로 말한다.

몸에서 감정을 만들고, 몸의 감정을 말로 전달한다. 파트너에게 자신의 감정을 즉흥적으로 표현한다. 손과 팔, 몸 전체를 사용하여 말한다. 즉흥적으로 자유롭게 말한다.

하루는 학생들에게 "대학 생활이 힘들다. 동기들이랑 잘 지내고 싶은데 잘 안 된다"라는 얘기를 듣고, 즉흥을 이용해서 자신의 감정을 표현해보라고 했다. 그랬더니 파트너를 직접 선별하여 세우고는 옆돌기 후에 평소에 하고 싶었던 속마음 얘기를 큰 소리로 편하고 재미있게 털어놓는 것이었다.

"왜 내가 점찍어둔 여학생한테 대시했냐? 네가 그러면 안 되지."

"너 그때 밥 먹으러 가자고 해놓고는 왜 그냥 갔어? 그때 진짜 기분 나빴어."

상대에게 감정 상했던 부분을 편하고 시원하게 말하고 나면, 상했던 감정은 어디론가 사라진다. 상대의 감정이 어떤지 파트너도 알게 되고, 기분 나쁘지 않게 받아들이게 된다. 화자의 에너지가 몸을 통해 목소리에 편하게 실리다 보니, 때론 파트너도 자신이 실수를 인정하며 웃기도 한다. 혼자 꽁하던 감정도 밖으로 편하고 명확하게 꺼내놓으면 약해지기 마련이다. 목소리에 에너지가 실리면 말의 내용에 무게감이 실린다. 평상시 자기 안에 억눌려 있던 감정을 즉흥으로 표현해보면 신체와 마음이 더욱 자유로워진다. 자유로운 표현은 교감을 더욱 살아 있게 한다. 당시 느끼는 감정은 상대와 시간, 장소, 분위기에 따라 변할 수 있다. 톤이나 볼륨이 유동적이다. 지나치게 형식적인 전달법에는 진심을 담을 수 없다.

독침 쏘기

'독침 쏘기'는 호흡 훈련법이다.

1. 주먹을 살짝 쥔다. 주먹 안에 작은 구멍이 생긴다.
2. 주먹을 입에 가까이 댄다.

3. 숨을 크게 들여 마신다.
4. 주먹 사이로 강한 바람이 나가도록 상상의 '독침'을 쏜다.
5. 파트너와 함께 서로 상상의 독침을 뱉되, 상대의 독침에 맞지 않도록 적극적으로 피한다.

　말하기에 절대적으로 필요한 호흡 연습을 즉흥을 통해 하는 방법이다. 즉흥적으로 몸을 좌, 우, 위, 아래로 움직이며 독침을 쏜다. 숨고 엎드리고 구르고 피하고 전진하고 후퇴하면서 호흡 연습을 한다. '그때그때 달라요'라는 말도 있듯이, 기술만 익히는 것이 아니라 즉흥을 통해 파트너와 자유롭게 순간순간 반응하는 연습이다.

　즉흥을 연습하는 이유가 있다. 오늘의 나는 어제의 나와 다르고, 내일의 나와도 다르다. 살아가는 매 순간이 즉흥이다. 코메디아 델라르테가 사람들에게 사랑받았던 가장 큰 이유도 즉흥에 있다. 지나치게 잘 짜인 행동이나 말은 살아 있는 언어가 아니다. 코메디아 델라르테의 배우가 언제, 어디서, 어떤 상황에서 누구를 만날지 모르기에 그들의 극이 유동적이었던 것처럼 우리에게도 상황과 장소와 사람에 따라 달리 맞장구칠 기술이 필요하다. 그렇다고 아무렇게나 하는 것이 즉흥은 아니고 큰 틀 안에서 파트너와 자유롭게 호흡하며 맞장구치는 것을 말한다.

가끔 연기 연습을 하는 학생들 중에 "교수님, 그럼 세 걸음 더 걸어간 후에 나갈까요?", "여기서 울까요?", "눈을 바라보고 고개를 떨어뜨린 후에 상대를 갑자기 밀까요?" 하고 묻는 친구들이 있다. 그럼 나는 "그때그때 달라요"라고 말한다. 파트너와 연기할 때 동작을 꼭 맞춰야 하는 경우도 물론 있다. 그렇지 않으면 문제가 생길 수도 있기 때문이다. 그러나 배우는 큰 틀 안에서 자유와 즉흥을 발휘해야 한다.

학원에서 프레젠테이션 교육을 받을 때는 동작을 일일이 정해주기도 한다. '이때는 손을 이렇게 올리고, 이때는 걸어가고 이 말에는 손으로 한 번 가리키고' 등. 물론 이런 준비도 필요하다. 전혀 움직이지 않는 것보다 움직일 수 있도록 미리 만들어놓으면, 화자도 안심이 되고 청자가 보기에도 더 매끄럽게 여겨질 수 있다. 그러나 상대와 호흡하지 않고 이미 만들어놓은 행동을 완수하듯 한다면 그곳에 살아 있는 소통이 있을 가능성은 적다. 화자는 상황과 상대, 분위기, 목적에 맞게 즉흥적인 유동성을 가지고 소통을 주도하거나 맞장구쳐야 한다. 그럴 때 살아 있는 교감이 이뤄진다.

자세를 바꾸면
관점이 달라진다

 우리는 어떻게 상대방을 모방할까

수업에 자주 사용하는 트레이닝이 있는데, 바로 거울 훈련이다. 학생들만이 아니라 일반인들도 굉장히 재미있어 한다. 두 명이 마주 보고 서서 한 사람은 동작을 하고, 다른 한 사람은 거울처럼 똑같이 따라 하는 훈련이다. 상대의 움직임과 소리, 표정, 손끝, 발끝까지 모두 모방해야 한다. 내가 상대의 눈에 어떻게 비칠까 걱정할 필요가 없다. 모든 초점이 외부에 있기 때문에 내 모습이나 목소리에 집중할 시간이 없다. 상대의 움직임과 소리, 표정까지 따라 해야 하니까 내면에서 나오는 속삭임이나 부끄러움, 수줍음, 부정적인 생각에 눈 돌릴 여유가 없다. 이 훈련은 거울 뉴런을 바탕으로 한다.

거울 뉴런은 어떤 움직임을 관찰할 때 활동하는 신경세포인데, 상대의 움직임을 거울처럼 반영한다는 뜻에서 만들어진 말이다. 관찰하는 사람이 스스로 움직인다고 느끼는 것이다. 거울 뉴런은 최근 10년간 신경과학 분야에서 깊이 연구됐으며, 모방과 언어 습득에서 중요한 역할을 한다고 알려져 있다. 거울 뉴런은 하나의 신경세포가 아니라 신경세포들의 네트워크로, 다른 사람의 행동을 이해하거나 모방을 통해 새로운 기술을 배울 때 중요한 역할을 한다. 상대를 즉각적으로 관찰하고 살피도록 우리 몸에 프로그래밍되어 있지만, 기존에 있는 정보를 수정하거나 조정할 때도 필요하다.

집에 들어온 남편이 인상을 찌푸리면 그를 바라보는 아내 얼굴도 자기도 모르게 찌푸려진다. 몸을 벅벅 긁는 사람을 보면 자기도 모르게 몸이 가려워진다. 이처럼 타인의 모습이나 움직임을 관찰할 때 우리는 그 동작을 그대로 모방하게 된다. 동작을 모방하다 보면 느낌, 의도, 감정까지 이해하게 된다. 이 공감 능력이 우리를 인간답게 만들어준다.

첫째가 저학년 때 스케이트 시합에 나가게 됐다. 올림픽이나 월드컵 같은 큰 대회가 아니라 작은 규모의 생활체육 시합이었다. 자녀가 시합에 나가면 부모들도 똑같이 긴장한다. 나는 무대에 수시로 선 사람이다. 연극을 공부했고, 외국 극장에서도 배우로 활동했기에 공연 전의 긴장에는 익숙하다. '오늘은 어떤 관객들이 주로 왔을까? 내 목소리는 괜찮겠지?' 하면서 긴장을 즐겁게 맞이하곤 했다. 그러나 자식의 경기를 앞두고는 자식의 긴장을 바라보면서 더 큰 긴장이 밀려오는 것을 느꼈다. 평창올림픽에서 스켈레톤 금메달을 딴 윤성빈 선수의 어머니도 시합을 뛰는 자식보다 더 긴장해서 눈을 뜨지 못하고 있다가 함성이 들리는 소리에 그제야 눈을 떴다는 이야기를 들었다. 자식이 감당해야 할 경기의 무게를 엄마도 똑같이 느끼는 것이다.

우리 몸에는 거울 뉴런이 존재한다. 자식을 응원하고 지지하려면 자식의 감정 상태를 같은 표정으로 답해주어야 한다. 자식은 그때 엄마의 속마음을 보게 된다. 자식과 함께하려는 의지가 담긴 그 모습을 보게 되는 것이다. 그것이 진정한 지지다. 우리는 상대가 나에게 감정적인 지지를 보내면 그 신호를 감지한다. 누구에게나 거울 뉴런이 존재하기 때문이다.

💬 잘못된 자세는 오해를 불러일으킨다

상대가 신체를 통해 보내는 메시지를 거울처럼 반응하려면 자세가 좋아야 한다. 간단히 말해 척추가 곧게 세워져 있어야 한다는 말이다. 메시지를 보내는 상대는 곧게 세워진 자세가 아니기 쉽다. 이미 어떤 상황이나 감정 안에 들어가 있기 때문이다. 신체를 감정의 도구로 이미 사용하고 있다는 얘기다. 그러나 반응하는 사람은 자신만의 신체 습관으로 반응해서는 안 된다. 맞장구는 중립 자세에서 시작해야 한다. 평소 자세에 균형이 잡혀 있지 않다면 상대에게 오해를 불러일으킬 수 있다. 맞장구치는 사람의 신체를 보고 화자가 평소에 받은 느낌으로 추측해버릴 소지가 있다는 얘기다.

'아하, 저 사람의 자세를 보니 애초에 내 말을 듣지 않았던 거야.'

'내가 바보지, 저렇게 뻣딱하게 듣는데 내 속마음을 털어놓다니……'

'팔짱을 꽉 낀 채 날 완강히 거부하는군.'

이런 식으로 상대의 자세를 보고 지레 판단해버린다. 중립적인 자세를 취하는 것은 내가 치우쳐서 듣지 않겠다는 의지를 신체를 통해 표현하는 것이다. 자세는 강력한 표현 수단이다.

그러니 나의 자세는 어떤지 객관적으로 살펴봐야 한다. 어떤 사람은 마이크를 많이 사용하는데, 그러다 보니 마이크를 든 오른손을 입 주변에 갖다 대는 일이 많았다. 어느 날 거울을 보니 자세가 삐뚤어져 있음을 발견했다. 오른손을 올리다 보니 오른쪽 어깨가 왼쪽 어깨보다 올라가 있고, 그러다 보니 척추가 올바르게 세워지지 않게 된 것이다. 신체 축에 문제가 생기니 어깨와 목 주변에 근육이 뭉치는 일이 잦아졌고 만성적인 두통까지 오게 됐다. 이 모든 문제가 신체의 축인 척추를 올바르게 세우지 않은 데서 출발했다.

유학 시절 전공 담당 그리고리 코즐로프(Grigory Kozlov) 교수님은 유대인이었다. 그가 가진 예술성은 하늘 같은 수준이었다. 그러나 그 교수를 처음 만나던 날, 나는 엄청난 충격을 받았다. 그분은 항상 정돈되지 않은 긴 머리를 휘날리며 머리부터 움직여 걷기 시작했다. 나는 그분을 생각하면 툭 튀어나온 머리가 가장 먼저 떠오른다. 몸통보다 앞으로 툭 튀어나온 그 자세는 그 사람의 특징으로 자리 잡혀 있다. 특정 자세는 그 사람의 캐릭터가 되며, 자세를 통해 그 사람을 짐작하게 한다. 그 교수에게 가장 중요한 것은 연극에 대한 '생각'이었다. 항상 작품을 생각하고, 농담도 연극과 관련 있는 것만 하고, 공연과 관계된 사람들의 이야기만 했다. 우리에게도 밥을 먹거나, 공부를 하거나, 놀거나, 쉬거나, 화장실에 가거나 심지어 잠을 잘 때도 '연극'만 생각하라고 늘 강조했다. 그 교수의 머릿속에는 '연극' 이외의 일은 존재하지 않았다. 그리고 그의 자세는 그가 추구하는 이상에 맞춰져 고정돼 있다. 그의 삶을 대변하는 자세다.

'자세' 하면 떠오르는 에피소드 하나가 있다. 화술 담당 교수님은 우리 엄마와 동년배이셨다. 그랬기에 더 친밀함을 느꼈는지도 모르겠다. 어느 날, 그 교수님이 수업 중에 자세 이야기를 하면서 자신의 이야기를 들려주셨다.

"내 나이 스물에 연애를 했는데 임신이 된 거야. 그런데 날 사랑한다고 말했던 그 남자는 나를 버렸지. 어린 나이에 감당하기 너무 벅찼어. 앞이 깜깜하더라고. 대학생이었는데 배는 불러오지 학업은 계속해야 하지, 하루하루가 슬픔으로 가득 찼어. 뭘 어떻게 해야 할지 알 수 없었으니까 말이야. 내가 할 수 있는 일이란 책상에 엎드려 우는 일밖에 없었어."

그 얘기를 들으면서 나는 깜짝 놀랐다. 그런 일을 아무렇지도 않게 진심으로 말씀하시다니, 사람이 달리 보였다. 유학이 힘들고 공부가 힘들 때마다 힘을 주고 용기를 주시던, 내게는 바다 같고 산 같은 분이었다.

"매일 웅크리고 질질 짜기만 하던 나를 더는 볼 수 없었던 어머니가 나에게 이렇게 말했어. '제냐, 등을 펴! 어깨를 펴!'

라고 말이야. 얼떨결에 등과 어깨를 폈지. 그랬더니 갑자기 실연의 아픔이 어디로 갔는지 몽땅 사라졌지 뭐야."

진지하던 이야기가 예상 밖의 결론에 이른 순간, 우리는 모두 웃음을 터트리고 말았다. 교수님은 이렇게 덧붙이셨다.

"얘들아, 세상에 어떤 어려움이 닥치더라도 등과 어깨를 쫙 펴면 충분히 극복할 수 있어. 나를 보렴. 그때의 어려움을 잘 헤치고 지금 이 자리에 서서 너희들을 가르치고 있지 않니. 그만큼 등과 어깨를 펴는 일이 중요하단다. 화술에서도 마찬가지야. 등과 어깨가 굽으면 소리가 잘 안 나거든. 이쯤에서 수업을 이어갈까?"

그 에피소드는 지금도 어려움이 생길 때마다 생각나고, 그러면 절로 이렇게 외치게 된다.

"현아야, 등 펴! 어깨 펴!"

💬 척추를 세워야 자신감이 생긴다

평상시 몸의 자세와 태도는 상호 교류에 큰 영향을 미친다. 잘못된 자세는 소통에 장애를 준다. 무의식적인 움직임이 많기 때문에 몸의 습관을 정확히 알기는 어렵지만, 자세가 소통에 영향을 주는 것만큼은 분명하다. 좋은 자세는 관계를 개선시키고 사회성을 만들고 존재감을 부각시킨다.

관점을 바꾸면 행동이 달라지듯이 자세를 바꾸면 관점이 달라진다. 그러므로 자세를 올바르게 교정해야 한다. 사람들은 자기 척추와 골반을 제대로 사용하지 못하고 있다. 허리가 굽으면 기능을 제대로 할 수 없는데, 허리가 굽는 것은 지속적인 잘못된 자세 때문이다.

바른 자세를 유지하려면 노력과 의지가 필요하다. 습관은 무의식적으로 이뤄지지만 바른 자세는 무의식적으로 이뤄지지 않는다. 반드시 바른 자세를 갖겠다는 의지가 필요하다.

그렇다면 바른 자세란 무엇일까? 한마디로, 몸가짐을 당당히 하는 것을 말한다. 신체 축인 등과 목을 바르게 하는 것이다. 척추는 우리 몸의 기둥으로 상체를 지탱해주는 역할을 한다. 척추가 몸을 잘 지탱해주어야 근육이 각자 맡은 역할을 할 수 있다.

뼈와 근육에는 각자의 역할이 있는데, 만약 근육이 뼈의 역할을 대신한다면 몸이 지탱될 수 없다. 근육이 자기의 역할을 감당하기 위해서 뼈가 자신의 역할에 충실해야 한다. 뼈 중에서도 가장 중요한 뼈가 척추다. 척추는 우리 몸의 기둥으로 상체를 지탱한다. 갈비뼈에 연결되어 호흡과 순환을 담당하는 폐, 심장 등의 주요 기관을 보호하는 역할도 한다. 또 상체를 사방으로 움직이게 하고, 골반 깊숙이까지 연결되어 있다. 몸통이 곧고 안정적이면 중심이 잘 잡히고 버티는 힘이 강한데, 이것이 바로 존재감과 자신감을 나타내는 자세다.

자세가 바르지 않으면 목소리에도 나쁜 영향이 미친다. 척추가 제 기능을 감당하지 않으면 다른 일에 사용되어야 할 근육이 척추 기능을 대신하게 되기 때문이다. 척추가 몸을 지탱하지 않으면 복부 근육이 몸을 떠받치게 된다. 복부 근육이 몸을 지탱하는 데 쓰이면 호흡이 자유롭지 못하다. 또한 척추 윗부분이 늑골과 어깨뼈를 지탱하지 않으면 늑골 근육이 가슴을 지탱하게 되고 그러면 늑골 근육은 늑간호흡에 사용되지 못한다. 그리고 목이 바르게 서 있지 않으면 발성 통로가 모두 망가진다. 목 기능이 약해지면 턱 근육, 혀 근육, 후두 근육 등에 장애가 생긴다. 결론적으로 모든 신체는 서로 유기적으로 작용하는데 소통과 존재감을 위해서는 올바른 자세가 반드시 필요하다.

신체의 축을 세우는 일은 신체와 정신에 모두 유기적으로 작용한다. 척추를 바로 세우는 일은 몸에 화학적인 반응이 생기게 하여 자신감을 발생시킨다는 사실이 연구를 통해서도 증명됐다. 컬럼비아대학교의 데이나 카니(Dana Cerney)와 하버드 비즈니스스쿨의 에이미 커디(Amy Cuddy) 교수는 자세에 따른 자신감을 측정하는 실험을 했다. 한 그룹은 의자에 앉아 다리를 탁자에 올려두고 몸을 최대한 크게 펴서 자세를 크게 하고, 다른 그룹은 다리를 모으고 상체를 구부려 몸을 움츠리게 했다. 약 1분이 지나 설문을 했더니, 몸을 크게 편 쪽이 웅크린 쪽에 비해 더 큰 책임과 힘을 느끼는 것으로 나타났다.

자세는 자신감을 갖는 데 아주 중요한 요소다. 힘이 있는 자세를 취하고 나니 기억력과 자신감을 높이는 호르몬인 테스토스테론이 20퍼센트 정도 증가했다는 연구 결과도 있다. 반면 만성적인 피로와 두통, 불안감을 유발하는 코르티솔은 25퍼센트나 감소했다고 한다. 위축된 자세나 자신감을 주는 자세는 생각과 소통에 영향을 끼친다. 자신감을 높이는 테스토스테론을 증가시키기 위해서는 의식적으로 바른 자세를 갖기 위해 노력하고, 신체의 축인 척추를 바르게 정렬시켜야 한다.

💬 내 몸의 기둥, 척추를 바르게 하는 법

척추가 정렬된다는 느낌은 앞으로 걸으며 이동할 때 몸이 위로 들어 올리는 듯한 느낌을 말한다. 다시 말해 정수리가 풍선처럼 둥실 하늘로 들려 있는 듯한 느낌이다. 머리는 척추 위에 편하게 놓여 있고, 얼굴은 정면을 향해 있다. 어깨는 편하게 바닥을 향하고, 팔은 몸의 양옆에 매달려 있다. 양발은 서로 평행으로 놓여 있고, 엉덩이는 양쪽에 무게가 균등하게 분배되어 있다는 느낌을 말한다.

발

양발에 좌우 앞뒤 무게중심을 옮겨가며 균형을 잡는다. 발의 중심에 안정적인 삼각형의 지지대를 그린다. 무릎은 열려 있다. 양발이 바닥에 단단히 닿아 있는 느낌을 유지한다. 안정적인 발을 만든다.

무릎

무릎에 위아래로 반동을 준다. 무릎 안의 공간을 의식하면서 무릎을 쫙 편 상태가 아닌 살짝 굽힌 상태를 만든다. 이것이 열린 무릎 상태다.

골반과 꼬리뼈

골반을 내밀거나 뒤로 빼면 호흡에 방해가 된다. 꼬리뼈의 앞과 뒤에 눈이 있고, 그 눈으로 여러 방향을 본다고 상상한다. 앞, 뒤, 위, 아래. 긴장을 풀기 위해 골반을 흔들어본다. 꼬리뼈에 줄이 있고 그 끝에 공이 있다고 상상한다. 공으로 원을 크게 그린다고 상상하면서 엉덩이로 원을 그린다.

척추

척추에 집중한다. 척추뼈를 하나하나 들어 올린다는 상상으로 아래에서부터 머리끝까지 쭉 들어 올린다. 꼬리뼈는 땅을 향해, 머리는 하늘을 향해 위아래로 척추가 길어진다는 상상을 한다. 척추 사이사이의 공간을 인식한다. 키가 커진다고 상상한다.

어깨

어깨를 위로 쭉 올린 후 아래로 훅 떨어뜨린다. 어깨를 앞으로 모으기도 하고, 뒤로도 제쳐본다. 어깨가 편안히 바닥을 향하게 한다. 가슴이 넓어지는 것을 느끼면서 팔은 양옆으로 편안히 매달리도록 한다.

머리

목덜미는 길게 늘이고 목 앞쪽을 부드럽게 한다. 턱은 느슨하게 혀는 입안 바닥에 편안히 둔다. 머리를 위, 아래, 좌, 우로 돌리고 흔든다. 머리를 편안히 둔다. 목 안과 입 뒤의 공간을 확보한다.

모두 모으기

지금까지 설명한 내용을 모두 모아 적용한다. 발을 바닥에 단단히 닿게 한다. 무릎은 공간을 확보한다. 꼬리뼈는 바닥으로, 척추 윗부분은 위로 길어지게 한다. 어깨는 바닥으로, 팔은 느슨하게 양옆에 매달리게 한다. 목덜미는 길어지고 목 앞쪽은 부드러운 상태를 유지한다. 턱은 느슨하게 매달려 있다. 혀도 편안히 둔다.

발성

전달력을 높이는
소리의 기술

💬 발성 훈련이 왜 필요할까

대중 스피치가 효과적이려면 발성이 뒷받침되어야 한다. 다시 말해, 음성적인 기술이 전제되어야 전달력 높은 스피치가 된다. 음성적인 영역에는 호흡, 발성, 톤, 휴지, 포즈, 발음, 공명 등이 있다.

일반적으로 스피치 하면 내용을 떠올린다. 콘텍스트인 문맥과 말의 구조 말이다. 그러나 나는 음성 자체를 콘텐츠로 바라본다. 현장에서 강의를 하면 할수록 발성의 중요성을 더욱 깨닫게 된다. 내용이 아무리 좋다 해도 음성이 뒷받침되지 않으면 전달력이 떨어지게 되어 있다. 발성이 바로 그렇다. 음성의 기초가 튼튼하면 어떤 콘텐츠도 잘 소화해서 실제 내용보다 더 영향력을 발휘하게 된다. 그러면 상대에게 강한 인상을 남길 수 있다.

좋은 전달력은 좋은 기술을 바탕으로 하고, 좋은 음성은 좋은 발성을 기본으로 한다. 맞장구치는 이의 음성이 좋은 발성이라면, 그것이 받쳐주는 화자의 말도 에너지를 받게 된다. 일반인보다 발성을 더 중요시하는 배우들은 많은 시간을 할애하며 연습하는데, 연기를 하다 사업가로 나서서 성공한 사람들은 훈련된 발성을 통해 많은 도움을 받았다고 말한다. 대학에서 연기를 전공한 사람이 졸업 후에 장사를 시작하게 됐는데 이미 몸으로 익힌 발성 덕을 톡톡히 봤다고 하는 얘기를 들었다. 당당하고 명확하게 말하여 남들보다 시선을 더 집중시킬 수 있어서다.

나의 경우만 해도 그렇다. 발성 훈련을 많이 한 덕에 아무리 많은 말을 해도, 아무리 소리를 크게 내거나 작게 내더라도 목소리에서 전달되는 에너지에 변함이 없다. "교수님, 전화 목소리만 들어도 힘이 생기네요. 어떤 음식을 드셨기에 매번 그렇게 에너지가 넘치시나요?" 통화만 했는데도 힘이 난다는 말을 무척 많이 들었다. 이런 얘기를 하면 배우도 아닌 일반인에게 발성 교정이나 연습이 필요하냐고 묻는 사람도 있다. 화술 전문가로서 나는 강도 높은 교정은 아닐지라도 어느 정도는 필요하다고 답해준다. 평생 잘못된 발성으로 말하는 것보다 좋은 발성으로 말하는 것이 더 이득이 되기 때문이다.

나를 포함한 대부분의 발성 전문가들은 발성이 발성기관에만 한정되어 있다고 보지 않는다. 발성을 내는 중심을 몸 전체로 보기 때문이다. 발성에는 몸 전체가 활용되어야 하고, 몸 전체가 활용되려면 마음의 긴장이 풀려야 한다. 그래야 몸이 부드러워져 제대로 된 발성이 나온다.

💬 좋은 발성이 감동을 전한다

목소리에서 발생하는 문제는 언어적인 불안이나 감정적·심리적 트라우마가 원인이 되기도 한다. 발성이란 '입 밖으로 소리를 낸다'라는 뜻이다. 소리는 물체의 울림에 의해 귀에 전달되어 청각 작용을 일으키는 공기의 움직임이다. 소리를 낸다는 것은 내면의 생각이나 감정을 겉으로 드러낸다는 것이다.

호흡으로 성대를 진동시키면 발성이 된다. 발성이 된 소리는 성도를 지나면서 공명을 만든다. 성도는 성문에서 입술까지를 말하는데 한쪽 끝은 닫히고(성문) 다른 한쪽 끝은 열린

(입술) 메가폰을 생각하면 된다. 일반적으로 남자의 성도가 여자보다 길기 때문에 공명 주파수가 낮아져 목소리가 낮은 것이다. 공명이 좋은 목소리는 잘 뻗어 나가고, 안면에서 진동이 느껴지며, 소리가 풍부하다. 그래서 음성에 문제가 있는 사람이나 목소리를 많이 사용해야 하는 사람들은 목소리 훈련을 해야 한다.

좋은 발성

발성이란 울림을 만드는 것으로, 좋은 발성은 좋은 울림을 사용한다. 울림 있는 발성은 자신과 상대를 평온하게 한다. 발성의 일차적인 목적은 목소리에 울림을 만드는 것인데, 울림은 표현력을 높여준다. 표현력만 높이는 것이 아니라 자신감도 높인다. 좋은 발성은 심리적 긴장을 제거하며, 이것이 발성의 이차적인 목적이다.

좋은 발성이란 호흡을 잘 활용하여 말을 감동적으로 하는 것을 말한다. 감동적인 음질을 만드는 것이 발성 기술이다. 목소리를 풍부히 하기 위해 호흡을 훈련하고, 목소리의 양을 풍부히 하고, 소리의 음역대를 넓히고, 표현력과 유연성을 갖추는 것이다. 발성기관을 단련하면 자기의 생각과 감정을 목적과 의도에 맞게 전할 수 있다. 좋은 발성을 위해서는 발성기관을 돕는 근육의 질이 좋아야 하는데, 특히 후두 근육이 부드럽고 탄력 있어야 한다. 후두 근육의 수축이 잘 일어나야 목소리의 크기와 밝고 어두움을 마음대로 통제하고 조절할 수 있다.

나쁜 발성

나쁜 목소리는 비명이나 고함처럼 악을 쓰는 소리다. 카랑카랑하게 찢어지는 목소리는 위기 상황이라고 인식시킨다. 일상에서 이런 소리에 장시간 노출되면 위기감과 긴장감이 증폭된다. 심리와 신체는 알지 못하는 피로감에 휩싸이게 되고, 그것이 자신을 부정적인 이미지로 몰고 간다.

한국의 성악가 중에는 소프라노나 테너가 상당히 많다. 외국에서 한국 성악가를 좋아한다는 이야기를 많이 들었다. 지인인 한 성악 교수님이 캐나다에서 유학할 때 그곳의 성악 교수가 "한국인들이 목소리가 좋고 노래를 잘하는 것을 보니, 한국어에 무슨 이유가 있지 않을까?"라고 말했다고 한다. 나의 박사 논문 지도교수이신 예브게니아 키릴로바(Evgenia Killilova)도 한국어를 보고 "모음이 자음보다 더 많다니……" 하며 신기해했다.

모음은 소리를 전달하고 자음은 뜻을 전한다. 한국어는 자음 19개와 모음 21개로 되어 있다. 모음이 많아서 한국인들이 노래를 잘하는지는 모르겠지만, 음성의 힘이 다양성에 있다는 점은 확실하다.

높은 소리보다는 낮은 소리가 울림의 폭이 더 넓다. 높은 목소리는 진동 폭이 좁지만 낮은 목소리는 진동 폭이 넓다. 음성의 힘은 다양성에 있는데, 우리는 지나치게 고음의 음역대를 사용하는 것을 좋아하는 경향이 있다는 게 조금 아쉽다. 데시벨이 높으면 소음으로 들릴 가능성이 크다. 부모들의 목소리 톤이 높으면, 말을 배우는 아이들도 목소리 톤이 높아진다. 말이란 타고난 것이 아니라 배워서 익히는 것이기 때문이다.

실제로 여러 사람을 만나보면 말을 많이 하는 사람들 대부분이 불필요한 긴장이나 습관 때문에 발성이 좋지 않다. 습관은 몸, 마음, 심리에 영향을 미친다. 나쁜 발성을 내는 습관을 깨닫게 될 때마다 원인을 파악하고 바꾸도록 노력해야 한다. 잘못된 습관에서 파생되는 근육의 긴장을 이완해야 좋은 발성, 좋은 울림을 가질 수 있다.

좋은 발성은 '나'로부터 시작한다. 나에게서 좋은 울림과 공명이 나와야 상대에게 메시지를 잘 전할 수 있다. 사람들은 울림이 있으면 진짜라고 생각하기 때문이다. 면접, 프레젠테이션, 영업, 일상에서도 마찬가지다. 무슨 일을 하든지 진심을 전하고 싶다면 좋은 발성을 사용할 것을 권한다. 인간은 선천적으로 울림 있는 소리를 좋아한다.

💬 모든 것은 각자의 리듬이 있다

좋은 발성을 사용하고 싶다면 자신의 상태를 먼저 인지해야 한다. 사람들은 자신의 말하기 습관이 좋지 않다는 것을 알고 있어도 살아가는 데 그리 불편하지 않기 때문에 크게 생각하지 않는다. 자기 발성 상태를 객관적으로 인지하는 것도 중요하다. 맞장구를 칠 때 좋은 목소리 질로 상대에게 감동을 주어야 하는데 목소리의 질이 낮으면 말에 신뢰성이 떨어진다. 자신의 목소리가 자기에게는 어떻게 들리는지, 타인에게는 어떻게 들리는지 알아야 한다.

맞장구란 자기 목소리를 내는 것이다. 자기 목소리란 자기의 생각을 말하는 것, 모방한 목소리가 아닌 자기만의 색깔을 지닌 목소리로 말하는 것이라 할 수 있다. 발성과 연관된 목소리에는 내추럴 보이스(natural voice)가 있다. 내추럴 보이스는 다듬어지지 않은 원형 그대로의 거친 목소리라는 뜻이 아니고 남들에게 자연스럽게 들리는 자기만의 색깔을 지닌 목소리를 말한다. 내추럴 보이스는 생소리가 아니다. 생소리는 신뢰감을 줄 수 없다. 생소리에 공명을 넣어야 한다. 목소리의 깊은 울림은 깊은 호흡에서 나온다. 깊은 호흡은 복식으로 이뤄진다. 복식호흡에서 나오는 울림에 에너지를 실으면 카리스마가 생긴다.

모든 것은 호흡에 달려 있다고 해도 과언이 아니다. 유학 시절에 '리드미컬(rhythmical)'이라는 과목이 있었다. 이름만 들었을 때는 음악과 관련 있는 수업이구나 싶어서 연극대학에서 왜 필요한지 선뜻 이해가 되지 않았다. 그 깊은 의미는 학기가 시작되고서야 알게 됐다. 연극은 인간의 삶을 표현하는 예술 장르이며, 모든 인간에겐 자기만의 리듬이 있다. 생물뿐 아니라 사물도 마찬가지다. 기차는 움직이면서 칙칙폭폭 호흡하며 소리를 내고 리듬을 만든다. 김치찌개도 보글보글 끓으며 호흡하고 리듬을 만든다. 아침에 떠오르는 태양도 호흡을 하며 존재감을 드러낸다. 태양의 리듬이 천천히 길게 나타난다. 봄이 주는 리듬이 있고, 여름이 주는 리듬이 있다. 모든 리듬은 호흡을 통해서 나타난다. 호흡은 생명의 근원이다. 또한 호흡은 감정과도 연결되어 있기에 커뮤니케이션에서 중요한 역할을 한다.

상대를 이해하려면 상대의 호흡을 느껴야 한다. 상대의 정서와 말을 이해하려면 상대의 호흡으로 호흡해야 한다. 나만의 호흡으로는 상대의 감정을 느낄 수 없다. 호흡은 인간의 신체와 감정에 반응하고, 신체와 감정은 호흡에 반응한다. 결국 정서와 호흡은 같은 것이다(맞장구에 절대적으로 필요한 호흡은 CHAPTER 3에서 자세히 다룬다).

💬 목소리 인상을 좋게 하는 방법

지인인 경아 씨는 어려서부터 아빠의 목소리가 싫었다. 목소리가 너무 커서 항상 위협적으로 들렸기 때문이다. 그래서 자기는 목소리를 작게 내며 살았다. 연기를 공부하러 외국 유학을 갔는데, 그곳의 화술 교수님이 그녀의 작은 목소리를 지적했다. "경아! 네 목소리는 너무 우울해." 그 말에 경아 씨는 적잖이 놀랐다. 자기 목소리는 작을 뿐 우울하다고 생각해보지 않았기 때문이다.

졸업 후 그녀는 귀국해서 청소년들을 대상으로 화술 수업을 하게 됐다. 그러면서 아이들의 목소리를 듣고 진단하다 보니, 옛날 교수님의 얘기가 갑자기 떠올랐다고 한다. 목소리만 들어도 아이들의 상태가 파악됐기 때문이다. 유학 시절 자신의 상태가 우울했고 그것이 목소리에도 나타났는데, 화술 교수님이 에둘러 말해주었던 것이다. 목소리는 그 사람의 상태를 나타내는 인상이다.

가끔 어떤 사람을 설명하기 위해 그 사람의 목소리를 흉내내는 경우가 있다. 그 사람이 한 말만 가지고는 제대로 전달이 안 될 것 같아서 톤이나 말투를 흉내 내는 경우다. 그러면 더 길게 설명하지 않아도 사람들은 그가 어떤 성격의 소유자인지 바로 파악한다.

"목소리만 들어봐도 딱 알겠어, 사기꾼이네."

"목소리 좀 들어봐. 예민해 보이잖아."

"성격 급한 게 목소리에 쓰여 있잖아."

"얘, 목소리에 힘 좀 줘. 자신감을 좀 가지라고."

목소리는 그 사람을 대변한다. 상대를 이해하려면 그 사람의 목소리 인상이 어떤지를 파악해야 한다. 목소리는 신체에서 나오는 본능적 감각에 기초한다. 목소리를 이해하면 상대를 이해하기가 쉬워진다. 목소리 인상은 두 가지 요소로 결정된다. 하나는 그 사람이 '어떻게 발성하는가'이고, 또 하나는 '어떻게 발음하는가'다. 지나치게 목을 누르며 발성하는지, 호흡을 과도하게 빼면서 소리를 내는지, 지나치게 힘을 주는지, 목소리 톤을 지나치게 올려 말하는지 등이다. 또 특정 발음을 지나치게 강조하면서 소리를 내는지, 특정 발음을 명확하게 소리 내지 않고 말하는지, 정확한 발음이 아닌 유사 발음을 혼동하여 사용하는지도 볼 수 있다. 목소리 패턴이 하나의 인상을 형성한다.

지방선거에서 단체장으로 출마하시는 분의 스피치 트레이닝을 해드린 적이 있다. 인품이 뛰어나고 능력도 있는데 남들 눈엔 그렇게 보이지 않았다. 리더가 아닌 참모의 역할만을 하다 보니 리더에게 필요한 요소를 충실히 갖추지 못해서다. 주변에서는 그를 '걸어 다니는 백과사전'이라고 부를 만큼 지적 능력이 아주 뛰어난 사람이다. 많은 지식으로 조직 안에서 보이지 않게 일을 하다 보니 언뜻 시장감으로는 조금 부족해 보였다.

상태를 살피기 위해 우선 대화를 나눴다. 목소리 인상에서 부족함이 느껴졌다. 목소리도 중저음이고 점잖아서 이미지는 좋지만 뭔가가 부족했다. 살펴보니 말하는 패턴에서 약간의 문제가 느껴졌다. 단체장이라는 위치에 어울리지 않는 몇몇 요소가 들어 있었다. 시민을 대표하는 사람이라면 목소리를 들었을 때 자신감과 신뢰감이 느껴져야 한다. 따뜻함과 안정감도 느껴져야 한다. 본인은 잘 모르는 듯했지만 지나치게 떨리고 처지는 목소리였다. 그분은 자기 목소리가 중저음이라고 좋아했지만, 그건 호흡이 부족해서 생기는 현상일 뿐이었다. 이럴 때는 횡격막을 사용하여 말하면 된다. 그러면 목소리가 맑아지고 에너지가 넘치게 된다. 그분에게도 복식호흡과 횡격막을 움직여서 말하는 훈련을 하게 했다. 그 결과 목소리에 생기와 에너지가 넘치게 됐다. 처졌던 목소리가 밝아지니 목소리에 자신감과 신뢰감이 담겼다.

짧은 기간이지만 자세 교정과 복식호흡 훈련을 통해 목소리가 상당히 많이 교정됐다. 목소리는 자세에 영향을 받는다. 오랫동안 깊게 박혀 자신의 습관조차 인지하지 못하는 목소리 패턴을 단기간에 바꿀 수는 없다. 그러나 어느 정도의 시간이 지난 후에는 이전보다 훨씬 매력적인 모습이 됐다.

사람들은 성격이 급해서 목소리 패턴을 단기간에 바꾸고 싶어 한다. 한 번의 수업으로 확 바뀌길 바란다. 그러나 절대 그럴 수는 없다. 평생 사용해온 목소리 아닌가. 마음의 여유를 가지고 꾸준히 노력해야 한다. 그러면 어느 순간 변화를 스스로 느끼게 될 것이다.

20년 전에 성악 수업을 받았다. 연극은 종합예술이기 때문에 음악, 미술, 무용 등 여러 방면에 걸쳐 배울 것이 많다. 성악 수업을 받을 때 더 좋은 목소리를 빨리 갖고 싶어서 성악 교수님께 어떻게 하면 빨리 노래를 잘할 수 있는지 물어봤다. 교수님은 이렇게 답해주셨다. "서두르되, 천천히!"

훈련이란 하루에 많은 양을 하는 것이 아니라 조금씩이라도 매일 해야 하는 것이다. 근육이 기억해야 하는데, 그러려면 시간이 걸리기 때문이다. 새로운 패턴을 만들려면 하루 하고 끝내는 것이 아니라 의지를 가지고 천천히 나아가야 한다. 습관은 바꾸는 것이 아니라 쌓는 것이다.

맞장구는
마음먹기 나름이다

💬 먹고, 자고, 그것만 생각해

학생들이 가끔 뜬금없는 질문을 한다.

"어떻게 하면 연기를 잘할 수 있어요?"

나는 먹고, 자고, 그것만 생각하라고 대답한다. 코즐로프 교수가 했듯이 말이다. 밥을 먹고 샤워를 하고 옷을 입고 차를 타고 사람을 만나고 잠을 자는 모든 순간에 그 생각만 하라고. 아직 훈련이 덜 돼 몸에 익지도 않았는데 초점을 금방 다른 곳으로 돌리면 그간의 노력이 허사가 된다. 의식적으로 인지하고 무의식적으로 반응할 때까지는 어느 정도의 시간과 집중이 필요하다.

한 학생이 연습을 많이 했는데도 실력이 잘 안 늘어 속상하다고 했다. 나는 이렇게 말했다.

"물이 몇 도에서 끓지?"

"100℃에서요."

"그렇지, 성질이 전혀 다른 상태가 되려면 100℃가 되어야 해, 아직 99℃까지밖에 안 됐네. 진짜 연습을 많이 했다고 하지만, 아직 1℃가 부족해서 그래. 조금만 더 해봐."

그러면 학생이 더는 변명을 못 한다. 물이 100℃에서 끓는 게 맞기 때문이다. 아직 내 삶의 질이 다른 성질의 질로 변하지 않았다면 좀더 집중해야 한다. 마지막 1℃를 위해서 말이다. 삶의 태도와 질을 바꾸려면 하나의 단계를 뛰어넘는 도약이 필요하다. 그러면 삶이 즐거워지고 편안해지며, 마침내 결과물이 달라짐을 느끼게 될 것이다.

💬 고작 말투 하나 바꿨을 뿐인데

연극에서 자주 사용하는 말 중의 하나가 서브텍스트다. 서브텍스트는 겉으로 드러난 말이 아닌 숨은 뜻을 말한다. '예쁘다'라는 말은 보통 말 그대로 예쁜 것을 나타내지만, 표정을 찌푸리면서 말할 때는 그 반대 의미를 나타낸다. 이것이 숨은 뜻이다. 비언어적 요소들을 어떻게 사용하느냐에 따라 뜻이 달라진다. 비언어적 요소란 결국 말투를 가리킨다. 단어 자체의 뜻이 아닌 목소리, 자세, 표정 등이다. 예컨대 아내가 남편에게 뭔가를 진지하게 이야기하는데 남편이 소파에 누워 아내는 쳐다보지도 않은 채 "알았다"라고 한다면, 진짜 알았다고 해석할 수 있을까? 어떤 아내도 글자 그대로 받아들이지 않을 것이다. 그 사람의 '알았다'에는 귀찮고 듣기 싫다는 뜻이 숨어 있다.

공감되는 말투는 누가 봐도 오해의 소지가 없다. 말투에는 상대를 향한 예의와 존중이 있어야 한다. 무례하면 안 된다. 크리스틴 포래스(Christine Porath)는 『무례함의 비용』에서 무례함으로 인한 경제적 손실을 이야기한다.

회사에서 무례함을 당한 사람들은 63퍼센트가 가해자를 회피하느라 시간을 허비하고, 80퍼센트가 사건을 걱정하느라 노동 시간을 허비하고, 48퍼센트가 노동 시간을 고의로 단축시켰고, 66퍼센트가 실적 하락을 겪었다. 무례한 말과 행동은 개인, 조직, 사회에 막대한 손실을 끼친다. 반면, 상대를 존중하는 말과 행동은 높은 성과를 부른다. 구글이나 마이크로소프트같이 창의적인 그룹에서는 '정중함'을 중요한 인사관리

원칙으로 삼는다. 정중하며 공감되는 말투를 사용하면 승진이 빨라지고 실적도 좋아진다. 누구나 일을 잘하는 사람보다 함께 일하면 즐거운 사람과 일하고 싶어 하기 때문이다. 그러므로 공감되는 정중한 말투를 습관화하면 일할 기회도 자주 얻게 되고, 따라서 승진의 기회도 많아진다는 뜻이다.

말을 할 때는 이런 점을 고려하여 신중히 선택해야 한다. 공감되지 못하는 말투를 쓰는 사람들은 자신의 말투가 부적절하다는 것을 모른다. 자신의 말투가 어떤지 주변 사람들에게 물어보자. 말투에 공감이 느껴지지 않으면 바꿔야 한다. 공감 말투는 자신을 발전시키고 정중한 사람으로 보이게 한다.

💬 진지한 말일수록 더 쉽고 편안하게

요즘은 정치인들이 TV 토론이나 예능 프로그램에 나오는 일이 많아졌다. 다소 무겁고 진지한 주제들을 쉽고 편하고 즐겁게 전달해주는 프로그램들도 많이 생겼다. 정치인들도 가벼운 톤으로 쉽고 편하게 정치 상황을 설명해주곤 한다. 그런데 어려운 정치 용어를 써가며 무미건조하게 말하는 정치인도 여전히 많다. 그러면 시청자는 채널을 돌려버린다. 인터넷의 발달로 더 많은 소통 채널이 생겼으니 딱딱하고 무거운 분야의 전문가들도 일반인에게 쉽고 즐겁게 다가갈 방법을 찾아야 한다.

나의 남편은 지금껏 본 남자 중 손에 꼽을 만큼 진지하고 점잖은 사람이다. 우리 첫째가 남편을 닮은 듯하다. 첫째가 태어났는데, 나는 살아오면서 그렇게 점잖은 아기를 처음 봤다. 내가 낳았지만 나랑 닮은 곳이 전혀 없다. 반면, 둘째는 나만 닮은 것 같다. 남편 말에 의하면 '어린 남자 김현아'란다. 어디로 튈지 모르는 둘째에게 남편은 점잖고 진지하게 자신의 인생철학과 삶의 경험을 들려준다. 둘째가 너무나 지루해하는데, 그걸 보면 나만 우리 남편이 진지하다고 느끼는 건 아닌 듯하다. 집에 놀러 온 지인이 남편을 향해 "○○ 아버님, 지나치게 진지하세요. 좀 가벼워져도 좋을 것 같은데요. 특히 아이에게요"라고 한 적도 있다. 내가 항상 하는 말이지만 전혀 먹히지 않았는데, 그 말엔 좀 멋쩍어하는 것 같았다. 경상도 남자 특징이 부인 말보다는 남의 말을 좀더 잘 듣는 것이다. 나도 나름 '박사'인데 우리 집에서 내 말은 제대로 대접받지 못하는 경향이 있다.

지금은 어려운 정치 이야기도 예능으로 쉽고 재미있게 전달하는 세상이다. 삶이 너무 진지하고 진부하면 활기가 부족해진다. 같은 내용이라도 전달하는 방법에 따라 전혀 다른 질의 내용이 될 수 있다. 그래서 우리 조상들이 해학을 즐겼던 것

아닐까. 무거운 삶을 좀더 가볍고 즐길 만한 것으로 승화하기 위해서 말이다.

말을 할 때 텍스트는 전달력에서 7퍼센트밖에 차지하지 않는다고 한다. 나머지 93퍼센트가 비언어적인 요소이므로 이 점을 고려하여 쉽고 즐겁게 전달해야 한다. 여자는 하루에 2만 개의 단어를 사용하고 남자는 7000개의 단어를 사용한다고 한다. 그리고 남자는 여자가 하는 말의 70퍼센트를 듣지 않는다고 한다. 이렇게 흘려들어서는 제대로 된 맞장구가 나올 수 없다. 좀더 잘 들어주고 유머 감각을 발휘해 반응하면 모든 관계가 훨씬 좋아지지 않을까.

💬 감정을 빼면 이성이 작동한다

하루는 남편이 아이들을 위해 정성껏 음식을 만들었다. 핸드폰으로 검색하여 조리법을 살펴보면서 시간과 정성을 다했다. 식탁을 차리고 음식을 올려놓으며 남편이 들뜬 목소리로 아이들을 불렀다.

"얘들아, 아빠가 맛있는 음식을 만들었어. 다 같이 먹자."

여덟 살이던 둘째는 식탁을 한번 힐끔 보더니 영혼 없는 목소리로 대답했다.

"와! 진짜 맛있어 보이네요. 맛있는 음식이니까 아빠가 다 드세요."

그러면서 접시를 아빠 쪽으로 밀어낸다.

"맛있어 보이지? 너 먹으려고 만든 거야."

남편이 다시 권한다.

"맛있으니까 아빠가 드셔야죠. 제가 아빠한테 양보하는 거예요."

코미디를 하는 것도 아닌데, 점잖은 아빠는 갑자기 말문이 막힌다. 일반적인 그 또래의 아이들은 먹기 싫은 음식을 먹으라고 하면 짜증을 내거나 투정을 부린다. 얼마큼 먹기 싫은지를 몸으로 나타내기라도 하듯 몸을 비틀거나 반항심을 표현한다. 그러나 우리 둘째는 독특한 성향이 있는데 상대의 마음을 상하게 하지 않으면서 자기가 하고 싶은 말을 할 줄 안다. 둘째의 그런 면을 이야기하자면 얘깃거리가 참 많다. 우리 집에 처음으로 오는 내 친구를 보고는 갑자기 "이모, 왜 이제 오셨어요. 너무 보고 싶었어요"라며 달려든다. 항상 웃는 얼굴과 기분 좋은 말로 대하니 싫어하는 사람이 없다. 그 친구는 지금도 우리 둘째의 첫인상을 이야기하면서 그렇게 기분 좋게 맞아준 아이가 없었다며 감동한다.

첫째가 초등학교 1학년 때 피아노를 배우는데 내가 집에서 종종 연습을 시키곤 했다. 가사가 이거였다. '나비야, 나비야, 이리 날아오너라. 노랑나비 흰나비 춤을 추며 오너라. 봄바람에 꽃잎도 방긋방긋 웃으며, 참새도 짹짹짹 노래하며 춤춘다.'

나는 첫째에게 감정으로 피아노 건반을 누르라고 강조했다.

"자, 봐! 네 눈앞에 나비들이 날아다녀, 노랑나비가 춤을 추고 흰나비가 춤을 춰. 봄바람에 꽃잎이 웃는다잖아, 참새가 짹짹하며 노래를 불러. 음악에는 감정이 들어가야 해, 상상을 하며 건반을 눌러."

내 딴에는 잘 설명하고 있다고 생각했다. 예술을 전공한 엄마답게 말이다. 그런데 첫째의 연주에는 여전히 감정이 실리지 않았다. 내 목소리 톤이 올라가기 시작했고, 급기야 첫째가 울음을 터트렸다. 도대체 뭐가 어렵다고 그러는지, 도리어 내가 이해를 할 수 없었다. 집에서 첫째에게 피아노 연습을 시키기만 하면 좋았던 우리 모자 사이는 시베리아의 찬바람이 불어닥친 듯 얼어버린다. 나는 첫째가 이해가 안 가고 첫째는 나를 이해하지 못했다.

그러던 어느 날 첫째의 피아노 선생님이 와서 수업하는 장면을 우연히 보게 됐다. 선생님은 첫째가 만족스럽게 연주하든 아니든 감정을 뺀 목소리로 "너무 잘했네, 다시 한번 더!"라고 말하는 것이었다. 그러더니 또다시 "너무 잘했네, 다시 한번 더!"라는 것이다. 내 귀로 들어도 만족스럽지 못한 연주였는데 선생님은 "너무 잘했네, 다시 한번 더!"를 연발했다. 첫째는 선생님의 목소리에 감정이 들어 있지는 않으나 '너무 잘했네'에 좀더 하려는 마음을 갖게 되고, '다시 한번 더!'를 통해 반복적으로 연습하게 되어 실력이 향상됐다. 그 후로는 나도 "너무 잘했네, 다시 한번 더!"를 입버릇처럼 쓰게 됐다. 그러자 첫째와의 피아노 연습 시간이 더는 힘들지 않게 됐다.

시청자의 고민을 소개하고 사연의 주인공을 스튜디오로 초대해 이야기를 나누는 예능 프로그램 「대국민 토크쇼 안녕하세요」에는 정말 다양한 사연이 몰려든다. 사연은 대부분 갈등을 느끼는 자와 갈등을 일으키는 이기적인 사람들로 구성되어 있다. 그 사연의 주인공들을 만나보면 그들이 가진 이기심은 대부분 같다. '내가 하기 싫어서 안 하거나, 하고 싶어서 하거나'다. 어느 날 사회자 중 한 사람인 정찬우가 이런 말을 했다. 독특하고 이기적이고 고집 센 사람들을 꼽으라면 대부분의 연예인이 그렇다는 것이다. 남의 의견을 들어주다 보면 자기가 하고 싶은 대로 할 수 없기 때문에 다들 한 고집 하고 이기적일 수밖에 없다고. 그런데 그렇게 색깔이 선명하고 자기 의견이 강한 사람들이 모여서 어떻게 함께 작업할 수 있을까? 작업할 때만큼은 마음을 하나로 모으는 세포를 갖고 태어났을까? 단언컨대 절대 아니다. 직접 작업을 해봐서 아는데 갈등이 많으면 많았지 평화로이 진행된 적은 내 기억에는 없다. 그러면 어떻게 그들은 한마음으로 작업을 하는 걸까? 작업하기 전에 어떤 과정을 거치는 걸까?

우리는 아무리 말도 안 되고 이해되지 않는 상황이나 작업이라 하더라도 동의부터 하고 진행한다. 상대에 대한 동의는 감정에 의해 이뤄지는 행동이 아니다. 훈련에 의한 것이며, 형식을 채우는 과정이다. 곧 매뉴얼을 지키는 것이다. 매뉴얼을 지키면 안전을 보장받을 확률이 높다. 상대의 존재에 대해 동의한다는 걸 말하면 그것으로 충분하다. 감정에서의 동의가 아닌 이성에서의 동의다. 마치 둘째가 감정 없는 목소리로 아빠의 음식이 먹고 싶지는 않지만 아빠가 한 행동에 동의한 것처럼, 피아노 선생님이 감정 없이 "너무 잘했네. 다시 한번 더!"라고 얘기한 것처럼 말이다. 그럴 때 적어도 그들은 상처받지 않았고 자신의 존재가 무시당하지 않았다. 그래서 누구의 기분도 나빠지지 않았다. 오히려 더 잘하려고 행동하게 됐다.

상대의 의견에 감정 없이 동의하는 행동은 상대의 존재를 인정함과 동시에 자신의 기분도 나빠지지 않게 한다. 때때로 상대에게 좋은 의도로 하는 말들이 오히려 자신의 감정을 나쁘게 하기도 한다. 감정을 더 넣어서 표현해야 할 때는 부족하

게 사용하고, 감정을 넣지 말아야 할 곳에서는 감정을 너무 넣
어 문제를 발생시키는 것이다. 누구든 감정 없이 상대에게 동
의할 수 있으며 이는 적절한 훈련으로 가능하다. 입으로 동의
하는 말을 하고 나면, 손에 잡히지 않는 '감정'이라는 물체도
조절할 수 있게 된다.

💬 사람이 아니라 배경을 들여다보자

모든 드라마에는 선한 역할을 하는 주인공이 있고 악한 역할
이 있다. 주인공이 돋보이려면 악한이 자신의 역할을 잘 연기
해야 한다. 주인공이 돋보이게 악한 역할을 잘 연기하면 이제
는 조연이 칭찬받는다. 악한 연기를 한 사람에게 감정이 이입
되어 현실에서는 미움을 받을 수 있어도 그 역을 연기한 사람
은 자기 역을 싫어하지 않는다. 오히려 연민을 느낀다. 그럴
수밖에 없었을 온갖 이유를 끌어다가 그 역을 변호한다. "그
사람이 그렇게 한 데는 이유가 있어. 왜냐하면……" 하면서 심
리적·환경적 배경을 들어가며 대변한다. 모든 인물에는 이유
가 있다. 악한이라 해도 그 인물이 그렇게 행동할 수밖에 없는
이유가 있다.

　'역지사지', 머리로만 아는 것이 아니라 마음으로 느껴야 할

사자성어다. 누가 됐든, 그 사람의 입장에서 생각해보면 맞장구칠 마음은 저절로 생긴다. 형식적인 기술보다 상대가 그렇게 행동할 수밖에 없는 배경을 이해했을 때, 싫은 상대에게도 맞장구칠 마음이 생긴다.

어떤 배우는 자신이 맡은 악역에 대해 이렇게 인터뷰를 했다. "처음에는 그 인물이 이해되지 않았어요. 그러나 그 사람이 그렇게 될 수밖에 없었던 배경을 이해하고 나니 그를 사랑하게 됐어요. 모든 사람이 손가락질해도 나만은 그 사람을 보호해주고 싶었어요. 원래 그런 사람이 아니라고, 그 사람은 그렇게 될 수밖에 없었다고요. 저는요, 그 사람을 사랑해요."

잠시 호흡을 길게 내뱉고 생각해봐야 할 점이다. 만약 싫어하는 사람이 있다면, 조금 떨어져서 열린 마음으로 그 사람의 배경을 생각해볼 일이다. 그러면 맞장구치기가 그리 어렵지 않을 것이다.

『나는 왜 이 일을 하는가』의 저자 사이먼 사이넥(Simon Si-nek)의 이야기도 이와 통하는 부분이 있다. 그는 '마지막에 말하는 법'을 배우라고 했는데, 모든 사람이 말을 마칠 때까지 자기 말을 아끼면 사람들이 자신의 말을 경청하고 있다고 생각한다는 것이다. 또 본인의 의견을 내놓기 전에 상대의 생각을 듣기 때문에 상대의 환경과 배경을 열린 마음으로 받아들이게 된다. 이때 치우친 자기 생각이 나오지 않도록 잘 잡고 있어야 한다. 그다음 질문해야 할 것이 '상대방이 하는 말의 진짜 의미, 그리고 왜 그런 생각을 갖게 됐을까?' 하는 것이다. 이것이 그 인물에 대한 배경이다. 상대가 어떤 맥락에서 말하는지, 어떤 이유에서 그 의견을 갖게 됐는지 겉으로 보이는 껍데기가 아니라 그 배경을 이해하는 것이다. 그것이 바로 역지사지다.

💬 칭찬은 상대의 가치를 높여주는 맞장구

영숙 언니네 부부는 둘 다 공무원이다. 영숙 언니는 직장생활만 36년을 했다. 큰아들을 장가보내자마자 언니 남편은 일본으로 3년간 발령을 받았다. 언니도 그 참에 휴직계를 내고 같이 가게 됐는데, 갑자기 매일 아침을 잘 차려주고 싶다는 마음이 생겼다. 평생 남편 내조를 모르고 자기 일 챙기기에 급급했던 언니는 퇴직할 날이 머지않은 남편을 보면서 부엌 봉사로 내조를 하고 싶어졌다. 시어머니가 직장생활을 하는 아들 내외 살림을 도맡아 했기에 영숙 언니는 집안일을 그리 많이 하지 않고 살았다.

평생 열심히 머리만 쓰며 일하던 언니가 매일 아침 남편을 위해 멋진 아침상을 차렸다. 아이들이나 시부모가 아닌 오로지 나이 들어가는 남편을 위해서 말이다. 정성 가득한 아침상을 받은 남편은 말 그대로 눈이 휘둥그레지며 굉장히 감격스러워했다. 그 칭찬과 감격하는 모습이 보기 좋아 더한 주방 봉사를 결심했다. 직장과 집이 그리 멀지 않으니 점심도 차려주면 어떨까 하는 생각이 든 것이다. 어차피 언니도 본인을 위해 점심 준비를 해야 하니까 하는 김에 좀더 잘해서 같이 먹는 게 좋겠다 싶었다. "점심도 집에 와서 나랑 같이 먹어요"라고 했더니 남편이 더욱 감격스러워했다.

하지만 인간은 풍요로움에 금방 적응하는 동물인지라 그 칭찬이 금방 없어지더라고 했다. 아침 식사를 준비해주는 것에 대한 칭찬이 한 달이었는데, 점심 식사에 대한 칭찬은 일주일밖에 안 갔다고 한다. 반응이 없으니 자연스레 "여보, 오늘 국물 맛은 어때?", "이 반찬은 좀 짜지 않아?", "오늘은 좀 싱거운 것 같아"라고 먼저 말을 유도했다. 그래도 칭찬하는 반응이 없어서 이래서는 안 되겠다는 생각이 들었단다.

"여보, 아침을 차려줄 때는 칭찬이 한 달 가고, 점심 칭찬은 일주일밖에 안 가네. 여보, 나는 사람이야. 반응을 해줘야지. 당신의 칭찬을 듣고 싶어서 이렇게 열심히 식사 준비를 하는데 당연한 듯 반응이 없으면 내가 힘이 빠져."

언니는 서운함을 토로했다.

"나는 직장 다니는 여자야. 내가 일을 열심히 하면 실적이 쌓이고, 승진을 하든지 연봉이 올라가든지 보너스를 받든지 눈에 보이는 어떤 보상이 있잖아. 그런 눈에 보이는 보상이 내가 최선을 다한 것에 대한 만족감으로 오는데, 내조는 그렇지 않은 것 같아. 아무리 열심히 해도 실적이 쌓이거나 승진이 되거나 연봉이 올라가거나 하질 않잖아. 보상이라곤 오로지 내가 차린 밥상에 대한 남편의 반응인데, 그런 반응을 안 해주면 내가 일을 잘했는지 못했는지 알 수가 없어. 여보, 고마운 마음을 표현해줘. 칭찬으로 맞장구 좀 쳐줘. 그래야 내가 휴직하고 당신만을 위해 내조하는 것에 가치를 느낄 것 같아."

영숙 언니는 모든 엄마가 듣고 싶어 할 말을 했다. 가족의 칭찬이 없으면 엄마들은 자신의 가치를 인정받을 수 없다. 가족을 위해 열심히 살아가지만 승진이 되는 것도 아니고 연봉이 올라가는 것도 아니기 때문에 자신의 가치를 매길 수가 없다. 가식적일 필요는 없지만, 칭찬은 상대의 가치를 높여주는 행위다. 칭찬이야말로 상대의 가치를 높이는 맞장구다.

💬 실수 말고 잘한 일부터 말해주자

우리는 주변과 상황에 영향을 받는 존재들이다. 누군가 좋은 말을 해주면 좋은 일이 생길 것 같고, 안 좋은 말을 하면 안 좋은 일이 생길 것 같은 느낌을 받는다. 그 누군가가 주변 사람이면 영향력이 더욱 크다. 긍정적 표현을 해야 한다는 것은 다 알고 있지만, 자신이 평소 부정적인 표현을 주로 사용한다는 사실은 잘 인지하지 못한다.

주변 사람들에게는 지나치게 자상하고 친절한데, 유독 가정에서는 부정적으로 말하는 사람도 있다. 어떤 여성은 엄마가 세상에서 가장 무서운 존재였다고 한다. 그녀에게 소리 지르고 욕하며 항상 부정적인 표현들만 했다. 그래서 어려서부터 빨리 집에서 벗어나기를 바랐다. 한편, 그녀의 엄마는 어려서 부유한 가정에서 자랐는데 여덟 살이 되던 해에 한국전쟁이 일어나 외할머니와 피난을 다녔다. 동굴에 숨기도 하고 하늘에서 폭탄이 떨어질 것 같으면 물속으로 뛰어들기도 했다. 무섭고 피곤한 인생을 살다 보니 자녀들에게 좋은 말이나 긍정적 표현보다는 불안하고 강박적인 표현을 많이 하게 됐다. 그리고 그 여파를 딸이 고스란히 받아야 했다. 부정적인 표현만 듣고 자란 딸은 자존감이 낮을 수밖에 없었다. 스스로 어떤 표현을 습관적으로 하는지 파악하고, 표현을 선택하는 순간에 긍정적인 표현인지 확인하면서 사용하자.

세상에는 여러 유형의 사람이 있다. 예전, 같은 과 아이 중에 B라는 동기가 있었다. 미인이고 재능도 많았다. 그러나 그 아이는 자기 의견대로 우리를 움직이고 싶어 하는 권력형 인간이었다. 재능이 많았지만 담당 교수에게 제대로 인정받지 못하면 온갖 히스테리를 부리곤 했다. 담당 교수도 알고 있었다. B가 전공 수업에서 무엇인가를 발표하면 다른 동기들이 칭찬해주려 하지 않았다. 분명히 재능도 많고 열심히 하려는 학생이었기에 발표를 잘했다고 말해줄 만도 한데 평상시에 보여준 히스테릭한 인격 때문에 누구도 좋아하지 않았다. 그때 담당 교수가 한 말을 나는 지금도 기억한다.

"여러분, 무조건 칭찬부터 해야 합니다. 상대가 잘했든 못했든 무언가를 했으면 그 행위에 대한 칭찬이 우선되어야 합니다. 그게 인격을 대하는 자세죠. 잘한 점을 못 찾겠으면 칭찬할 점을 발견할 때까지 찾으세요. 무조건 장점부터 이야기하고 단점으로 넘어가야 합니다."

그 후로 담당 교수에 대한 인간적인 존경심을 갖게 됐다. 장점은 찾으려고만 하면 누구에게서나 찾을 수 있다. 보려고만 하면 언제든지 볼 수 있다. 그게 인간으로 태어나 다른 인격을 대하는 기본 자세다. 그런데도 우리는 대개 잘못한 것, 고쳐야 할 것부터 이야기한 뒤 마지막으로 짧게 칭찬하고 말을 끝낸다. 자존감을 높이고 생산성을 높이려면 장점부터 이야기하고 단점으로 넘어가야 한다.

누가 뭐라고 하든
당당하게

💬 자존감은 내 성격의 일부다

스트롬멘(Merton P. Strommen)은 2만 명의 청소년을 대상으로 10년 동안 연구하여 『청소년들의 다섯 가지 외침(Five Cries of Youth)』이라는 책을 썼다. 청소년의 특징에 대해 이야기하는 책인데, 첫 번째가 자기 비하다. 청소년들은 개인적인 실수나 자기에 대한 확신 부족 또는 학업 성적이나 이성 관계에서 어려움을 겪을 때 자신을 증오하는 특징이 있다. 청소년은 어린이도 아니면서 아이 취급을 당하고, 성인처럼 행동하기를 요구받으면서도 어른 같은 대우는 받지 못한다. 그러다 보니 아이와 어른 사이에 끼여 정체성의 혼란을 겪고, 이해 못 할 행동을 하기도 한다.

그대로 두면 이런 특징이 성인이 되어서도 나타날 수 있다. 자기 비하를 끊는 유일한 방법은 자긍심을 갖는 것이다. 자기 자신과 가족, 이웃과 사회에서 맺어지는 관계에서 특별한 감정과 의미를 추구하는 것 말이다.

중1 남학생이 있다. 어느 날 담임선생님이 학생의 엄마에게 전화했다.

"안녕하세요, 어머니. 저는 ○○ 담임이에요."

"예, 선생님. 안녕하세요? 그런데 무슨 일이 있으신가요?"

"일이 있다기보다는요, ○○이가 중간고사 시험 중에 문제도 다 풀지 않고 그냥 엎드려 자는 거예요. 어머님, 아직 중1인데 공부를 포기하기엔 너무 이르지 않나요?"

담임선생님한테 전화를 받은 엄마는 갑자기 어지러워졌다. 그러잖아도 게임에 빠져 있어서 걱정은 됐지만 시험 보는 도중에 엎드려 자다니, 기가 막혔다. 어려서 한글을 혼자 깨치고, 초등학교 1학년 때는 「마법천자문」 몇 번 보더니 국가공인 한자 시험 7급에 합격한 아이다. 신동까진 아니어도 영리한 아이였는데, 어쩌다 게임에 빠지더니 학업은 뒷전이 되고 말았다. 학교에서 돌아온 아이를 붙들고 물어보니 피곤하고, 모르겠고, 시험이 보기 싫단다. 똑똑했던 옛날 모습은 찾아볼 수가 없다. ○○이는 청소년기의 전형적인 특징을 보이고 있다.

이런 자기 비하는 자기 존중으로 끊을 수 있다. 나는 사람들에게 "저는요, 자존심은 없고 자존감만 있어요"라고 우스갯소리를 한다. 자존감은 있는 그대로의 나를 존중하는 마음이고, 자존심은 타인에게 존중받고 싶어 하는 마음이다. 부족하더라도 자신의 모습 그대로를 존중하는 것은 다이아몬드보다 가치 있는 일이다. 자신을 사랑하고 받아들이고 존중해야만 청소년기를 잘 보낼 수 있다.

나는 중2 때 아버지가 돌아가셨다. 편모슬하에서 자라났고 넉넉한 형편도 아니었다. 어느 곳에 있든지 기가 죽을 수밖에 없는 환경이었다. 하지만 나는 기가 죽는 대신 자존감을 쌓는 훈련을 했다. 남들보다 잘하는 일에 더욱 매진하여, 뛰어나지는 않더라도 열심히 한다는 칭찬을 들었다. 이런 경험을 되풀이하니 나의 장점을 스스로 가치 있게 여기는 마음이 들기 시작했다. 그리고 자존감이 나의 성격 중에 아주 중요한 한 부분이 되었다.

💬 동정은 공감이 될 수 없다

리액션이 적은 사람들은 대체로 공감 능력이 부족하다. 공감은 서로 간에 감정이 같은 상태, 화자의 감정과 청자의 감정이 같은 상태를 말한다. 공감 능력이 가장 뛰어난 분들이 40~50대의 여성들이다. 인생의 풍파를 겪으면서 자신의 존재를 인정하고 열린 마음으로 세상을 바라보게 된 사람들이다. 강의 전문가들이 제일 좋아하는 분들이기도 하다. 작은 이야기에도 금방 피드백이 돌아온다. 강사의 말에 웃고 울고 공존한다. 자신이 살아온 과거를 되돌아보면서 자신을 있는 그대로 인정하고 받아들이니 리액션이 좋을 수밖에 없다. 그들의 리액션은 동정심에서 출발한 것이 아니고 공감에서 출발한다.

하지만 자신의 어떤 감정 상태에 동정하면 리액션이 건강하지 않게 된다. 그때의 리액션은 불평과 한탄이기 때문이다. 불평을 늘어놓는 사람은 자신에 대한 동정심이 지나치게 강하다. 자신을 진정으로 사랑하지 않기 때문에 늘 불행하다고 느낀다. 그러기에 건강한 리액션을 취할 수 없다. 자신을 피해자로 생각하면 마음 안에서 격렬한 분노가 자라게 된다. 하지만 슬픔을 직시하고 내면을 정확히 파악하면, 자신에게 건강한 연민을 느끼게 되면서 불평하지 않게 된다. 자신을 안아주고, 어깨를 토닥이면 자기 스스로가 그런 공감 어린 애정을 얼마나 그리워했는지 깨닫게 된다. 그때 나오는 리액션이 자기 자신을 인정하는 진짜 리액션이다.

💬 지지는 손끝으로도 할 수 있다

내가 고등학교에 다니던 시절에는 대입 시험을 위해서 체력고사라는 것이 있었다. 체력고사 만점이 20점이나 되니 무척 중요했는데, 책상에 앉아 공부만 하는 여학생들에겐 쉬운 일이 아니었다. 달리기, 매달리기, 멀리뛰기, 멀리 던지기, 윗몸일으키기 등의 종목이 있었다.

그중에서 매달리기는 철봉을 어깨높이에서 잡고 1분간 매달리면 합격점을 줬다. 그런데 유달리 철봉에 매달리자마자 떨어지는 친구가 있었다. 나는 그 시험에서 친구가 철봉에 올라가면 의자를 빼주는 담당이었는데, 의자를 빼준 후에도 그 곁에서 떨어지지 않고 친구 엉덩이에 손을 살짝 대고 "할 수 있어, 조금만 참아. 조금만 참으면 돼. 괜찮아. 조금만……"이라고 속삭였다. 선생님이 볼까 봐 너무 가까이 붙지는 못하지만 친구를 지지해주고 싶은 마음에 손을 살짝 대고 있었다. 그런데 너무 신기한 것은 올라가자마자 내려오던 친구가 끝까지 견뎌냈다는 것이다. 두 손으로 몸을 받쳐준 것도 아니고, 겨우

손가락 끝을 살짝 대기만 했는데도 말이다.

그 친구는 시험을 통과했고, 나한테 무척 고마워했다. 사실 나는 한 게 없었다. 힘을 쓰며 그 친구를 받쳐주지도 않았다. 내가 한 일은 손가락 끝으로 지지한 것밖에는 없다. 손가락을 떼나 붙이나 철봉에 매달려 있는 건 친구일 뿐 내가 물리적으로 도움이 된 것은 전혀 없다. 그런데도 친구는 나에게서 정신적 지지를 받았다. 1분은 짧은 시간이지만 애를 쓰며 견뎌야 하는 그 친구에게는 영원만큼이나 긴 시간이다. 시작하자마자 "조금이면 끝나", "곧 끝나", "조금만 견뎌", "진짜 조금만이야"라고 계속 속삭였다. 아직 30초밖에 지나지 않았고 앞으로 30초를 더 견뎌야 하는데, "곧 1분이야. 조금만 참아, 조금만"이라고 했다. 그 친구는 나의 지지를 받아 시험에 무사히 통과했다.

어느 날 나에게도 공포가 밀려온 일이 있다. 무대에 서는 건 흔한 일인데 이유도 없이 갑자기 긴장됐다. 심장이 빨라지고 어깨가 긴장되고 손이 떨리고 자신감이 없어졌다. 그런데 그때 옆에 있던 친구가 "현아! 네 차례야. 잘할 수 있어. 난 믿어. 파이팅!"이라고 말했다. 친구의 한마디에 갑자기 평안이 찾아왔다. 어떤 행동도 하지 않았는데 지옥 같던 감정이 사라지고 내가 세상의 주인공이 된 것 같아졌다. 그날 공연은 평소 이상의 반응을 얻었다.

특히 우리 첫째와 같은 성향이라면 더욱 지지가 필요하다. 첫째는 생각이 많고 내성적이고 예민하다. "잘할 수 있어. 넌 충분히 그럴 능력이 있어"라고 속삭여주면 그 말 한마디에 자신감이 붙는 타입이다. 첫째에게 필요한 것은 심리적인 지지다. 사실 돈도 안 드는 이 일을 우리는 자주 무시하고 물질적인 것으로만 메우려 한다. 남을 배려하는 아이는 상대가 자신을 배려하지 않고 함부로 대하면 더 힘들어한다. 자신은 상대를 배려하는데 상대는 자기를 함부로 대하니까 그렇다. 별것 아닌 일에도 "왜 이것밖에 못 했어?"라고 다그치면 심리적으로 위축돼 평소 능력에도 훨씬 못 미치게 된다. 게다가 성격이 나같이 급한 사람들은 이런 예민한 사람들을 이해하지 못한다. 왜, 언제, 무슨 말에 상처를 받는지 모르기 때문이다. 그럴수록 지지하는 말 한마디면 모든 게 끝난다. 사족을 붙이지 않아도 된다.

"넌 할 수 있어", "난 널 믿어", "그래, 이해해."

우리가 원하는 것은 어쩌면 단순한 지지일지 모른다. 물리적인 것이 아닌, 어떤 일을 끝까지 해내도록 힘을 주는 지지일 것이다. 맞장구는 상대에게 격려하고 힘을 주는 지지의 표현이다. 어른들만이 아니라 아이들도 지지를 원한다. 부모의 정신적인 지지를 받는 자식은 그 지지가 당연하다고 절대 생각하지 않는다. 부모가 지지해준 말 한마디가 평생 마음에 남아 있다고 말하는 사람들을 많이 봤다. 마음을 다해 믿어주고 지지해주는 것에 대해 자식은 굉장히 고마워한다. 지지는 우리가 생각하는 것보다 훨씬 강력하다.

💬 아기를 업고 논문 심사장에 들어간 학생

존재감을 뭐라고 표현할 수 있을까? 우리는 몇 마디 또는 단어 몇 개를 사용하여 존재감을 정의한다. 타고난 카리스마나 광채, 활력이라고 생각하기도 한다. 존재감이 없으면 처음부터 타고나지 않았거나 안 가진 것으로 생각한다. 존재감은 다른 말로 자신감이나 아우라, 에너지라고 불리기도 한다.

1996년, 러시아에 유학을 가게 됐다. 러시아어도 모르는 채 떠난 유학길이었다. 유학지에 도착한 지 얼마 되지 않아 오페라를 보러 명성이 자자한 오페라극장에 갔다. 학생 신분이었기에 청바지 차림에 배낭을 메고 극장에 들어섰다. 붉은 카펫이 입구부터 계단까지 쭉 깔린 오페라극장은 아주 오래되고 멋진 고전적인 극장이었다. 나는 손에 표를 들고 줄을 섰다. 그런데 표를 받으시던 러시아 할머니가 나를 보더니 갑자기 얼굴을 찌푸리셨다. 그러면서 내 청바지를 한 번 가리키더니 극장 천장을 향해 손가락질을 하며 격앙된 목소리로 뭐라 하셨다.

"$%^&$#@*&^%$#@!&**&!"

러시아어도 잘 모르는 나는 이유를 알 턱이 없었지만 화를 내신다는 것만은 알 수 있었다. 여하튼 나는 극장 안으로 들어왔고, 자리에 앉았다. 그런데 주변을 살펴보니 할머니가 화낸 이유를 금방 알게 됐다. 드레스에 가까운 정장을 입고 앉아 있는 관객과 나의 청바지는 아주 거리가 멀었다. 할머니는 "성스러운 극장에, 어떻게 청바지를 입고……. 이 성스러운 장소에……. 여긴 극장이지 시장바닥이 아니야!"라고 말했을 것 같다. 극장 문화가 발달한 그곳에서는 그에 맞는 의복을 갖춰야 했다. 한국에서 오페라 문화를 접해본 적이 없던 나는 장소에 맞는 의복도 문화라는 사실을 더욱 실감했다. 구소련이 개방된 지 얼마 안 된 시기여서 지금보다 더 클래식했다.

등이 깊이 파인 드레스를 입고 객석에 앉아 있는 사람들과 표를 검사하시던 할머니를 나는 아직도 잊을 수 없다. 가끔 드레스가 전시된 상점을 지나게 되면 그때 그 시절이 생각났고, 나도 그 이후로 드레스를 하나둘 사 모으게 됐다. 무엇보다 가슴에 남는 것은 그때 표를 받으시던 할머니의 존재감이었다.

할머니는 극장에서 표를 검사하는 일에 상당한 자부심과 긍지를 가지고 계셨다. 극장에서 숨을 쉬며 이 일을 한다는 그 자체에 감사하셨다. 할머니는 표를 검사하는 일이 공연예술에 도움을 준다는 생각으로 그곳에 서 계셨다. 그 할머니를 통해 자기가 서 있는 곳에 대한 존재감이 무엇인지를 처음으로 느껴봤다. 지금도 극장에 들어설 때마다 그 할머니가 떠오른다.

또 다른 존재감에 대해 이야기하고 싶다. 바로 나 자신에 대한 존재감이다. 할머니의 존재감이 나의 마음에 각인되고, 나도 박사 과정을 마무리할 즈음, 자신에 대한 존재감을 발견하게 됐다.

박사 과정이 거의 끝나갈 무렵에 러시아로 출장 온 내 미래의 남편은 당시 유럽 내 독일 주재원이었다. 여섯 번 만나고 일곱 번 만에 결혼하여 러시아에서 독일로 터전을 옮겼다. 결혼 후 바로 임신을 했고 출산을 하느라 잠시 휴학을 해야 했다. 그리고 1년 만에 복학을 했다. 박사 학위를 취득하려면 그 전에 심사에서 통과가 되어야 한다. 가장 땀이 나고 긴장이 되는 순간이다.

박사 과정의 화술 논문 지도교수는 20대에 임신하고 실연을 당하신 바로 그 키릴로바 교수님이다. 그분은 나에게 논문 심사는 매우 중요한 일이니 아이를 한두 시간만이라도 맡길 만한 곳을 찾아보라고 했다. 그러나 친정이나 시댁도 없는 러시아에서 나만 바라보고 있는 아이를 누구에게 맡긴단 말인가. 아이는 낯가림도 심했고, 모유 수유 중이어서 나와 떨어지기 힘든 상황이었다. 지도교수에게 아이를 맡길 곳이 없다고 이야기하니까 한숨을 푹 쉬시더니, 예전 당신의 모습이 생각나셨는지 아이랑 함께 들어가자고 하셨다. 다른 심사위원들에게는 양해를 구해보겠다고 했다. 나는 포대기를 들고 아이를 안고 심사장으로 들어갔다.

드디어 심사가 시작됐다. 심사장에 들어가기 전에 모유를 양껏 먹여놓았기에 다행히도 아이는 무릎에 앉아서 잘 버텨주었다. 그런데 문답이 끝나갈 즈음에 아이가 잠투정을 하기 시작했다. 보채는 아이가 더는 제어가 안 되어서 할 수 없이 포대기로 업기로 했다. 양해를 구하고는 아이를 등에 업고 고국에서 공수해온 포대기를 동여매고 있는데, 심사위원들 쪽에서 웅성거리는 소리가 들렸다. "오호! 그게 아이들 정서에 그렇게 좋다는 무슨 끈인가?", "동양에서 사용한다고 듣기는 들었는데", "아기가 엄마의 심장 소리를 들으니 좋을 수밖에 없겠네", "어떻게 매는 건가?" 등 감탄과 질문이 두서없이 쏟아졌다. 때마침 센스 있게 더 크게 울어주는 우리 아이! 아기가 힘들어 보이니 심사는 이것으로 마치는 게 어떠냐는 한 심사위

원의 말에 모두 동의하면서 나는 박사가 됐다.

심사 후에 키릴로바 교수님은 나보고 1779년에 학교가 세워진 이후 처음으로 아이를 안고 논문 심사장에 들어간 사람이라며 크게 웃으셨다.

만약에 아기를 맡길 곳이 없어 주눅 든 표정이었거나, 아이를 앞에 앉히고 불안한 마음으로 당황하며 대답했다면 과연 내가 제대로 심사를 받을 수 있었을까 하고 생각해봤다. 답을 못 하거나 갑자기 생각나지 않으면 떨어질 수도 있다는 불안감에 사로잡혔더라면 어땠을까? 자신감 넘치는 자세로 표를 받던 당당하신 할머니와 아이를 안고 있어도 상황에 위축되지 않고 자신 있게 심사에 임한 나의 모습이 바로 '자존감'을 말해주는 예가 아닐까 생각해본다.

🗨 입만 크게 벌려도 자신감이 생긴다

자존감은 자신감에서 나온다. 현실에서 갑자기 자신감이 떨어졌을 때 어떻게 해야 할까? 마음을 달리하거나 생각을 달리하면 자신감이 생긴다는데, 마음을 달리 먹을 수가 없다. 생각을 바꾸려고 노력하는데도 생각이 바뀌지 않으면 어떻게 하는가 말이다. 결론은 머리가 아닌 '몸'을 쓰라는 것이다. 어른들은 "머리 좀 써라. 제발 머리 좀 써"라고 하는데 사실 머리 쓰라는 말은 정답이 아니다. 온종일 책상 앞에 앉아 있다고 자신감이 생기는 건 아니다. 머리가 나쁘면 손발이 고생한다는 것도 다 옛말이다. 오히려 손발이 나쁘면 머리가 고생한다. 인생을 자신감 있게, 행복하게 살아가려면 머리가 아닌 몸을 써야 한다.

한국에서 생활하던 청소년기에는 나도 나름 인기가 많았다. 중학교 때 응원단장, 고등학교 때 연극부 단장과 반장을 하면서 꽤 인기 있는 학생으로 꼽혔다. 당시 여중, 여고생 사이에서 멋있는 언니로 통하기도 했다. 하지만 러시아로 가니 상황이 완전히 달라졌다. 동양에서 온 눈 찢어지고 말 못 하는 아이였다. 그 러시아 친구들이 바라보는 나는 그랬다. 먼저 다가오는 친구도 없었지만 러시아말을 잘 못하니까 내가 다가가기도 두려웠다. 나는 둘째가라면 서러울 만큼 밝은 성격의 소유자였는데, 그래도 힘들었다.

한국에서 연극영화학과를 졸업하고 간 건데, 러시아에서 학부 과정부터 다시 시작했다. 연극학교 과정에는 정말 수많은 실기 수업이 있다. 그중 무용 수업이 있었다. 무용 수업은 파트너가 있어야 하는데, 동양에서 온 눈 찢어진 학생인 나랑은 아무도 파트너를 하지 않으려고 했다. 러시아말도 잘 못하고 남학생들이 파트너 하고 싶을 만큼 뛰어난 미모도 아니니 말이다. 게다가 본인도 파트너도 잘해야 좋은 점수를 받을 것이기 때문이다. 그래서 혼자 연습을 시작하긴 했는데, 가만 생각해보니 이건 아니라는 생각이 들었다. 그래서 한 친구를 점찍었다. 그 친구에게 다가가기 위해 연습을 했는데 러시아말을 연습한 게 아니라 입을 크게 벌리고 소리를 잘 내기 위한 연습을 했다. 입술 털기를 하면서 러시아어로 말을 걸어보려고 준비했다.

"뿌르르르르 뿌르르", "푸르르 뿌우!"

입술을 털면서 입술과 입술 주변 근육을 부드럽게 풀어주는 준비운동이다. 감정을 넣고 손을 막 위, 아래로 움직이면서 다시 크게 입술을 풀었다.

"뿌르르르르 뿌르르", "푸르르 뿌우!"

입술 털기에 이어 혀 털기도 했다.

"아르르르르르."

리듬과 템포를 다양하게 활용해서 감정을 넣어 동작과 함께 "아르르르르르"를 연습했다. 입술 털기와 혀 털기를 통해 근육을 이완하고 입을 크게 벌리니까 나도 모르게 저 밑에서부터 근거 없는 자신감이 막 생기기 시작했다. 어디서 왔는지 모르는 자신감이 생기니 내 생각을 솔직하게 표현할 수 있겠다는 생각이 들었다. 점찍어둔 그 친구에게 다가가 서툰 러시아어로 "나랑 같이 할래?"라고 말했다. 그 친구는 나를 빤히 쳐다봤다. 그러더니 "오케이! 너랑 할게"하면서 흔쾌히 내 파트너가 됐다.

그 친구와 열심히 연습하고 시험을 치러서 A를 받았다. 결국 나의 자신감은 입을 크게 벌리는 데서 시작됐다. 비록 언어는 서툴지만 그 친구들에게 "같이 밥 먹을래?", "나 좀 도와줄래?", "같이 할까?"라고 말하며 지내다 보니 어느덧 친구들 사이에서 인기 있고, 교수님들께도 인정받고, 학교에서도 알아주는 학생이 되어 있었다.

지금 러시아 연극대학에서 교수로 재직 중인 동기들이 있는데 학생들에게 가끔 내 이야기를 한다고 한다. "한국에서 온 현아라는 친구가 있는데……" 하면서 여러 일화를 들려준다고 한다. 중요한 건 자신감이다.

의도가 분명해야
길을 잃지 않는다

💬 나를 적극적으로 만드는 건 무엇일까

벤 마이클리스(Ben Michaelis)의 『어제보다는 재밌게』라는
책에는 이런 말이 나온다.

"미래를 향해 노를 젓다 보면 언젠가는 머리가 셋 달린 케
르베로스라는 괴물과 마주치게 된다. 그 머리는 소극성, 미루
기, 완벽주의다."

소극성은 주의를 산만하게 해 적극적이지 못하도록 힘을 뺀
다. 침묵이 필요할 때도 있지만 적극적으로 맞장구를 쳐야 에
너지가 발생하는 경우도 있다. 능동적인 맞장구가 필요할 때

소극적으로 반응하는 것은 적절치 못하다. 어제보다 재미있게 살려면 오늘에 맞는 적절한 에너지의 맞장구를 사용해야 한다.

벤은 소극적이고 뒤로 미루는 완벽주의 경향이 있다면 촉매제를 활용하라고 권한다. 기본적인 촉매제는 배고픔, 안전, 안락이다. 이차적인 촉매제는 사랑, 신앙, 돈, 애정, 성욕 등이다. 당신을 적극적으로 만들어주는 촉매제는 무엇인지 알아보고 소극성이 자신을 덮칠 때 꺼내 사용하면 된다. 영업이 간절한 사람은 '배고픔'을, 좋은 관계를 원하는 사람은 '사랑'을, 자녀에게 편안함을 주고 싶은 사람은 '안락함'을 촉매제로 사용하면 될 것이다.

어제보다 신나는 오늘을 살아가려면 목적 있게 맞장구쳐야 한다. 맞장구를 방해하는 소극성, 미루기, 완벽주의를 벗어버리고 신나게 살아가 보자.

💬 모든 게 결국은 행복해지기 위해서다

법륜 스님은 모든 사람에게 행복할 권리가 있다고 말했다. 사람에게 행복할 권리가 있다는 건 당연한 말이다. 그러나 그 당연한 말에 다들 숙연해진다. 이혼을 했든, 결혼을 안 했든, 늙든 젊든, 신체 장애가 있든 누구나 행복할 권리가 있다. 상대를 향한 맞장구도 행복할 권리에서 비롯된 것이다. 행복을 주기 위해 그리고 행복해지기 위해, 즉 행복에 목적을 둔 반응이 맞장구다. 행복은 나와 나의 교감, 나와 타인의 교감에서 얻어진다.

인생을 발전시키고 싶다면 어떻게 살지 생각해봐야 한다. 행복한 인생을 바란다면 어떻게 행동해야 하는지 생각해봐야 한다. 행복한 삶을 살고 싶다는 목적이 있으면 행동하기가 쉬워지지만 목적이 없으면 그렇지 않다.

맞장구 역시 마찬가지다. 목적이 무엇인지를 알면 맞장구가 쉬워지지만 무턱대고 맞장구쳐야 한다고 생각하면 막막하기만 할 뿐이다. 현재의 행위에 목적이 있느냐 없느냐에 따라 자신의 행위에서 발산되는 에너지가 달라진다. 목적은 방향을 안내하는 나침반과 같다. 목적 있게 맞장구치라는 말이 다소 부정적으로 비칠 수 있겠지만, 삶의 목적이 행복이라면 목적을 가지고 맞장구칠 가치가 있다. 맞장구는 우리 삶을 풍요롭게 해준다. 자기만의 이익에 치우친 맞장구가 아니라면, 상대와의 교류를 통한 행복이 목적이라면 맞장구야말로 가장 적합한 도구다.

💬 현재에 몰입하지 못하는 이유

우리는 오늘을 산다. 지금을 산다. 지금을 사는 사람들은 진짜를 경험하는 사람들이다. 지금을 산다는 말은 무슨 말일까? 지금을 산다는 것은 현존을 뜻한다. 바로 현재에 몰입하고 그 순간을 사는 것이다. 그런데 왜 우리는 현재에 집중하지 못할까? 무엇이 현존을 가로막는 걸까?

한 친구가 있다. 컴퓨터와 관련된 학과를 나와 그 분야에 종사하다가 30대 중반에 갑자기 신학을 공부하고 지금은 대학원에서 심리상담에 관한 공부를 하고 있다. 중점적으로 다루는 것이 강박과 중독이다. 그는 공부를 하면서 자신에게 강박이 있다는 사실을 깨달았다. 강박은 자신의 의지와는 상관없이 특정 생각을 반복하는 상태를 말한다. 그냥 남들보다 예민한 줄로만 알았던 일들이 강박 현상이었다. 특정 생각을 반복하느라 현재에 집중하지 못하는 것이다.

우리 주변에는 신경에 거슬리는 것들이 너무 많다. 미래에 홀리거나 과거에 매여 현재에 존재하지 못하게 한다. 현재에 존재하지 않는 것을 '부재'라고 한다. 몸과 마음이 서로 다른 데 있다는 뜻이다. 부재는 이미 일어난 일을 자꾸만 되뇌거나, 아직 일어나지 않은 일을 생각하거나, 의식적이건 무의식이건 간에 다른 것을 생각하는 현상이다. 하지만 행복감을 느끼려면 현재에 몰입해야 한다.

강박증이 있는 그 친구는 자신이 맡은 일을 지나치게 잘하려는 마음이 크다. 무언가를 얘기할 때도 빨리 결론을 얘기하려고 말을 빨리한다. 어떨 때는 목적지에 빨리 도달하려고 과정을 몇 단계 건너뛰고 얘기하기도 한다. '어떻게 하면 빨리 결론을 말할 수 있을까?'를 늘 생각하면서 말한다고 한다. 그럴 때면 나는 "결론을 빨리 말하려고 하지 마. 사람들은 과정을 더 원해"라고 말해준다. 때로는 미리 생각해놓은 결론을 한번에 다 풀어내려고 하니 시작이 가볍지 않아지기도 한다. 엄두가 안 나고, 그래서 시작이 늦어진다. 그럴 때는 "그냥 움직이기부터 해. 뭐라도 해봐. 책을 펼치든지, 나가서 걷든지 해봐"라고 말해준다.

무슨 일이건 과정이 있는데, 그 과정이란 지금 이곳에 존재하는 것을 말한다. 현재에 집중하고 현재를 즐겨야 맞장구도 생생해진다. 현재의 맞장구에 충실하면 목적지에 도달할 수 있다. 강박적인 사고는 불안을 키워 현재에 충실하지 못하게 한다. 현재에 충실하지 못하는 것은 현재를 벗어나고 싶다는 마음 때문이다. 현재에 몰입해야만 진정한 맞장구를 할 수 있다.

💬 나만의 맞장구 법칙 열 가지

상대의 이야기를 듣다 보면 나의 유사한 경험이 생각날 때가 있다. 상대가 느끼는 감정 상태에 동조해주면 상대도 나의 감정에 맞장구치게 된다. 만약 상대가 이야기하는 바와 유사한 경험이 없다면 읽었던 책이나 주변 사람들의 경험을 끄집어내서라도 자신이 동지임을 나타내주어야 한다. 같은 경험을 했다는 것만으로도 더는 설명이 필요 없다. 내가 상대에게 맞장구치면 상대도 내 말에 맞장구친다. 나에게 맞장구칠 기회를 만들어주는 것이 중요하다.

또 속으로 맞장구치는 것과 직접 입으로 소리 내어 맞장구치는 것은 강도가 다르다. 입으로 소리를 낸다는 것은 강한 의지의 표시이고 몸에도 저장된다. 모든 일이 마음으로 생각만 하는 것과 행동으로 하는 것에 큰 차이가 있듯이, 마음속 맞장구와 행동하는 맞장구는 분명히 다르다.

나는 메릴 스트리프(Meryl Streep)를 좋아한다. 그녀의 연기를 좋아하고 그녀의 생각을 좋아한다. 그녀가 한 시상식에서 '성공하는 열 가지 법칙'에 대해 이야기한 적이 있는데, 정리하면 다음과 같다.

1. 열심히 노력하라.

2. 자신을 표현하라.

3. 선한 삶을 살아라(마음을 다스리는 삶을 살아라).

4. 자신의 동기를 찾아라(내가 왜 이 일을 하는가를 알아야 한다).

5. 이해심을 가져라.

6. 힘든 시기에서 배워라(힘들다고 생각하지 말고 힘든 시기에도 배울 것이 있다는 것을 알아야 한다).

7. 열정을 찾아라.

8. 진정한 모습으로 살아라.

9. 자기 일에 몰두하라.

10. 자기 일을 즐겨라.

연기를 사랑하는 그녀의 진면목을 보여주는 말이라 생각된다. 나는 당신도 스스로 생각하는 맞장구에 대해 적어봤으면 한다. 메릴 스트리프처럼, 자신이 생각하는 맞장구의 법칙 열 가지를 적어보자.

〈나만의 맞장구 법칙 10〉

1	
2	
3	
4	
5	
6	
7	
8	
9	
10	

CHAPTER 3. 오감으로 말하기

대화에는 끼고 싶은데
할 말이 떠오르지 않는 사람을 위한

오감

말에 생기를 불어넣는
다섯 가지 감정

💬 처음 들은 것처럼 반응해주기

스승의 날에 진아 언니와 은사님 댁에 갔다. 진아 언니는 유학 시절부터 똑똑한 사람으로 인정받았으며, 이미 평론계에서는 유명한 사람이다. 근황을 물어보시는 은사님과 이런저런 얘기를 나눴다.

그러던 중 언니가 요즘은 나이가 들어서 그런지 같은 얘기를 여러 번 한다고 말했다. 치매인지 건망증인지, 같은 얘기를 왜 자꾸 하는지 모르겠다는 것이다. 그것도 매번 감정을 넣어서 처음인 듯 말하니 상대가 황당해한단다. 게다가 그 언니는 세상에 둘도 없는 길치다. 그 언니에게는 모든 길이 항상 새롭다. 내비게이션 없이는 마트도 못 갈 정도다. 그래서 내가 말했다. "언니, 나도 매번 처음인 것처럼 말해. 우리 과가 그러라고 훈련받는 거잖아. 100회든 1000회든 매번 새롭게, 항상 처음인 듯 연기하도록 말이야. 안 그러면 장기 공연을 지루해서 어떻게 해. 그러니까 언니도 늘 새롭게 말하는 건 훈련받아서 그렇다고 얘기해." 그랬더니 언니도 좋은 생각이라며 맞장구쳤다.

사실 이건 언니만이 아니라 나에게 하는 말이기도 했다. 같은 강의를 100번 한다고 치자. 같은 영업 내용으로 1만 번째 고객에게 설명한다고 치자. 나는 100번째 강의를 하지만 강의를 들으러 온 사람은 항상 처음인 사람들이다. 나에게는 1만 번째 고객이지만 1만 번째 고객은 그 내용을 처음 듣는 사람들이다. 매번 같은 내용을 처음처럼 말해야 한다면 그 역시 연습이 필요하다.

가끔 남편이 나에게 "자기야, 내가 며칠 전에 똑같은 얘기를 했잖아. 제발 기억 좀 해라. 머리에 좀 넣고 다녀"라고 말하곤 한다. 그러면 나는 "나는 모든 게 매번 새로운 것처럼 연기하는 사람이잖아. 그래서 자주 잊어버려. 어차피 자기는 나랑 결혼했으니까 매번 같은 설명을 해야 해도 화내지 말고 부드럽게, 늘 처음인 듯 설명해주어야 해. 왜냐하면 나랑 결혼했으니까" 하고 궁색하게 우겨본다.

살다 보면 누군가가 같은 얘기를 반복해도 처음 듣는 듯 반응해주어야 할 때가 있다. 내가 반복해서 말해야 할 때 또는 내가 반응을 보여주어야 할 때, 이럴 땐 어떻게 하면 좋을까? 여기에도 방법이 있다.

💬 몸을 통해 기억되는 감정들

사람들은 뇌가 감정을 기억하고 있다고 생각하지만, 뇌과학자들은 뇌를 신체 활동의 한 부분으로 본다. 몸의 기억 없이는 감정의 기억도 떠올릴 수 없다는 것이다. 기억이란 뇌를 포함해서 몸이 무엇을 보고, 듣고, 느꼈는지를 저장하는 것이다. 몸을 통해 저장된 감정이 몸을 통해 다시 반응한다. 몸은 감정과 밀접하게 연관되어 있다. 몸이 무의식적으로 움직이는 것은 감정을 반영하기 때문이다. 그만큼 몸은 소통에서 중요한 역할을 한다.

「냉장고를 부탁해」에 트와이스 쯔위가 나왔다. 이연복 셰프가 만들어준 음식을 먹던 쯔위는 갑자기 폭풍 눈물을 흘렸다. 그 음식이 어린 시절 가족들과 함께 먹으며 행복해했던 기억을 떠올려주었기 때문이다. 특정 음식이 가져다주는 시각·촉각·후각적 이미지는 과거의 기억을 현재로 불러들인다. 특정 음식은 음식으로만 존재하지 않는다. 기억에 존재하는 따뜻했던 어떤 상황과 함께 저장된다. 후에 그 장면을 연상시키는 음식을 먹었을 때 몸 안에 저장된 시각, 촉각, 미각, 후각, 청각 등의 오감이 서로를 연결하며 다시 그때의 감정으로 반응하기 시작한다.

마르셀 프루스트(Marcel Proust)의 『잃어버린 시간을 찾아서』라는 소설이 있다. 몸을 통해 과거의 기억을 떠올리며 시작되는 이야기다. 제1차 세계대전 이전에 프랑스 신흥 부르주아 집안의 아들로 태어난 주인공이 많은 일을 겪은 후 중년이 됐는데, 어느 날 우연히 홍차에 적신 마들렌을 한입 베어 물게 됐다. 그 맛과 향기와 분위기는 일종의 데자뷔를 느끼게 했다. 홍차에 적신 마들렌의 맛과 향기가 입안에 퍼지는 순간 깊이 감춰져 있었던 그의 기억이 떠오르면서 이야기가 전개된다.

우리도 가끔 그런 경험을 한다. 쓰러져가는 초라한 식당에 가서 청국장을 먹는데, 한 숟갈을 입에 넣자 갑자기 이런 시절 엄마가 해주시던 청국장이 생각나기도 한다. 우리의 기억은 뇌에만 저장된 것이 아니라 오감을 통해 몸에 저장됐기 때문에 몸을 통해 반응하는 것이다.

오감은 몸을 통해 과거의 기억을 연결한다. 하나의 감각이 여러 감각을 자극하며 연결하기 시작한다. 이를 공감각이라고 한다. 귀로 들은 어떤 단어가 특정 이미지를 떠올리게 하고, 그 이미지가 다른 감각의 이미지를 연결해 재생산한다. 그러므로 메시지가 상대에게 저장되게 하려면 오감을 자극하는 말을 사용해야 한다. 오감을 통하지 않으면 소통 자체가 불가능하다.

💬 스피치에 오감을 입히자

외부로부터 어떤 자극을 받으면 우리 마음속에는 특정한 이미지가 떠오른다. 이를 뇌과학에서는 '멘탈 이미지(mental image)'라고 한다. 멘탈 이미지는 시각적인 것만을 의미하지 않는다. 오감인 시각, 청각, 후각, 미각, 촉각 등에서 느껴지는 이미지를 말한다. 예를 들어 '시원한 바다'라는 말을 들으면 '바다'라는 시각적 이미지와 '시원한'이라는 촉각적 이미지가 함께 떠오른다. 자극을 받으면 사물에서 파생되는 특정한 이미지가 뉴런을 통해 뇌에 저장된다. 이미지로 저장되는 뇌의 특정 장소를 감각피질이라 부른다. 크게 시각피질, 청각피질, 촉각피질로 나눈다. 눈을 통한 자극은 시각피질에, 귀를 통한 자극은 청각피질에, 촉각을 통한 자극은 촉각피질에 저장된다. 이 감각피질들은 뇌 안에서 따로 있는 것이 아니라 서로 관계를 맺으며 존재한다.

어떤 말을 들으면 그 말에 자극을 받아 호흡이 거칠어지기도 하고, 평온해지거나 긴장되거나 이완되거나 식은땀이 흐르거나 얼굴이 빨개지거나 등 여러 반응이 일어난다. 이처럼 몸이 인식하고 반응하는 것을 뇌과학에서는 '감정'이라고 부른다. 몸의 오감 없이는 감정을 느낄 수 없다는 말이다. 우리는 감정적이고 관계 지향적인 동물이기 때문에 상호작용이나 행위 또는 듣기를 통해 관계를 쌓아나간다. 상호작용은 오감을 통한 감각으로 전달되며, 행위나 듣기도 오감을 통한 감각으로 전달된다.

선명하고 확실한 전달력을 원한다면 목소리에 오감을 입혀야 한다. 목소리에 오감을 입히는 사람이 소통을 잘하고 맞장구도 잘 친다. 소통 전문가들은 목소리를 얼마큼 다양하게 구사하느냐에 따라 소통 관계가 달라진다고 말한다. 여기서 목소리의 다양성이란 목소리에 오감을 입히는 것을 가리킨다. 그러므로 입체적으로 소통하고 싶다면, '몸으로 듣기'와 '거울처럼 반응하기'에 이어 맞장구의 세 번째 법칙인 '오감으로 말하기'를 숙지해야 한다.

오감으로 말하기는 목소리의 강세나 휴지, 볼륨, 템포, 톤이나 발음, 말투 등을 상황이나 목적, 사람, 내용에 따라 달리하는 것을 뜻한다. 대부분 사람은 항상 똑같은 말투로 살아왔기 때문에 목소리를 다양하게 내거나 오감을 입히는 것에 익숙하지 않다. 그러나 말하기 패턴이 한정적이면 목적이나 상황, 장소에 따라 달리 말할 수 없어서 오해가 생길 수 있다. 전달력이 약할 수도 있다. 지금은 개성과 창의력을 추구하는 시대다. 다른 사람과 비슷하게 말하거나 다른 사람과 비슷하게 반응한다면 존재감을 드러내기 어렵다.

"기본이라도 하고 싶어요."

커뮤니케이션에 자신이 없거나 소극적인 사람들, 존재감이 작은 사람들은 항상 이렇게 이야기한다. 전달력이 부족하니 남들 하는 평균치라도 했으면 좋겠다는 것이다.

그러나 요즘에는 평균치의 획일화된 소통 방식보다 개성이 드러나는 존재감 있는 전달력을 원한다. 일반인이든 전문가든, 아나운서처럼 정형화된 말하기보다 자유로우며 개성이 드러나는 말하기가 더 맞다. 내가 이렇게 얘기했더니 한 교수님도 동의했다. "개성이 드러나는 스피치! 저도 그걸 원합니다. 예전 미국의 아나운서는 정형화된 스피치를 했지만 지금은 개성이 드러나는 스피치를 해요. 자기 개성이 드러나는 아나운서를 더 선호하는 추세예요. 앞으로 한국의 아나운서들도 그럴 거예요. 흐름이 바뀌었잖아요."

연기도 마찬가지다. '햄릿'을 연기한다고 치자. 모든 배우가 똑같은 방식으로 연기한다면 재미가 없을 것이다. 왜냐하면 죽은 연기이기 때문이다. 예전에 햄릿을 봤어도 또 보는 이유는 배우가 다르기 때문이다. A라는 배우와 B라는 배우가 생각하는 햄릿에는 차이가 있고, 따라서 표현 방식이 다르다. 말투와 톤, 호흡, 발성, 발음, 템포, 느낌이 다르다. 우리의 스피치도 이와 같아야 한다. 획일화된 스피치가 아니라 개인마다 특성이 드러나는 스피치가 되어야 한다. 그러기 위해 스피치에 개인이 느끼는 오감을 입혀야 한다.

💬 마음속 이미지를 음성에 입히기

우리 몸에 있는 거울 뉴런은 오감을 자극받아 생긴다. 오감을 통해 온몸으로 이해하고 반응한다. 우리가 지닌 공감 능력 역시 오감을 자극받아 생긴다. 우리는 몸으로 공감하는 존재들이다.

스타니슬랍스키는 거울 뉴런은 알지 못했지만 배우의 연기가 관객에게 표현력 있게 전달되려면 먼저 배우의 화술에 변화를 주어야 함을 강조했다. 화술이 입체적이지 않으면 관객도 배우가 연기하는 등장인물을 입체적으로 받아들이지 못한다. 화술을 입체적으로 만들기 위해 스타니슬랍스키는 먼저 마음속의 광경을 눈으로 바라보라고 말했다. 전달하고자 하는 메시지를 먼저 마음의 눈으로 그리지 않으면 오감의 감각을 입힐 수 없기 때문이다. 예를 들어 '바다'라는 단어에 오감을 입힌다고 하자. 어떻게 입힐 것인가? 마음속에 떠오르는 바다는 한 가지 모습이 아니다. 잔잔할 수도 있고, 풍랑이 일 수도 있고, 갈매기가 소리를 내며 날아다닐 수도 있다. 마음에 그려진 다양한 시각적, 청각적, 촉각적 이미지를 음성에 입히면 그 광경이 상대에게도 똑같이 그려진다. 오감은 결코 독립적으로 존재하지 않는다. 모든 감각이 연결되어 있기 때문이다. '고소하게 볶아진 땅콩'에서 '고소하다'라는 후각과 '볶은 땅콩'이라는 시각에 톤이나 발성, 포즈, 발음 등이 적절하게 가미되어 '고소하게 볶아진 땅콩'으로 표현된다.

언어 구사 능력은 뇌의 왼쪽 영역인 '우성반구(dominant hemisphere)'에서, 음성의 다양성은 뇌의 오른쪽에 있는 '비우성반구(non-dominant hemisphere)'에서 담당한다. 이 둘은 서로 정보를 교환하면서 동시에 전달한다. 사실 뇌는 소리보다 내용에 더 집중하려는 경향이 있어서 다양한 음성의 소리는 상대적으로 잘 인식하지 못한다. 대신 비우성반구가 전달력을 보완해준다.

오감 스피치는 마음속에 떠오르는 광경인 이미지, 생각, 감정을 음성의 다양성으로 전달하는 것이다. 감각 뉴런인 오감이 반응하도록 만들려면 건조하고 메마른 말투는 맞지 않다. 감각 뉴런이 반응하려면 정서가 드러나야 한다.

물론 이성적인 말투가 필요할 때도 있다. 사건을 중재하거나 어느 쪽에도 서 있으면 안 되는 경우 등이다. 그러나 이성적인 말하기가 꼭 메마르고 건조한 말투인 것은 아니다. 이성적인 톤에도 에너지가 필요하고 의지가 필요하다. 어떤 정서건 말에는 에너지가 반드시 필요하다. 정서를 포함한 말하기여야 감각 뉴런을 통해 내면에 전달된다. 소리가 작든 크든, 톤의 변화가 심하든 그렇지 않든 간에 말의 온도는 반드시 필요하다. 온도 없는 말은 죽은 스피치, 살아 있지 않은 맞장구다.

오감으로 말하려면 오감을 자극하는 언어로 바꿔주어야 한다. 한국어에는 모음 수가 많기 때문에 다른 언어보다 오감을 자극하기가 수월하다. 예로 '시냇물이 졸졸졸 흐른다'라는 표현에서 '졸졸졸'을 '줄줄줄'이나 '쫄쫄졸'로 바꿔 말하면 정서가 달라진다. 이미지를 자극하는 언어를 사용하거나 의성어·의태어를 사용하면 청자의 마음과 귀, 눈, 후각, 촉각이 열리게 된다. 오감을 자극하는 동사나 명사, 형용사를 적재적소에 사용하면 어휘도 풍부해지고 느낌도 세밀해진다. 오감을 자극하는 단어들은 청자를 생각하고 상상하게 한다. 단순하게 단어로 듣는 것과 마음속에 그림처럼 상상하는 것은 차원이 다르다. 오감으로 자극하는 스피치는 사람의 마음속에서 살아 움직인다. 감정이 변하는 상태와 과정을 상상하게 한다.

호흡

숨만 잘 쉬어도
소통이 수월해진다

💬 호흡으로 신체와 심리 상태를 알 수 있다

오감 스피치를 원한다면 호흡부터 이해해야 한다. 스피치의 기본은 호흡이다. 호흡 없이는 스피치를 할 수 없다. 밥의 재료가 쌀이듯, 목소리의 재료는 호흡이다.

어떤 시골 한의사에게 전화가 왔다.

따르릉, 따르릉, 따르르르릉.

"네, 여보세요."

전화기 너머로 다급한 목소리가 들린다.

"선생님, 선생님. 큰일 났습니다. 곧 돌아가실 것 같아요, 곧

이요! 빨리 와주세요."

"아, 그래요? 알겠습니다. 얼른 가겠습니다."

한의사는 전화를 끊고 황급히 달려갔다. 그 집에 도착하니 거의 초상집 분위기나 다름없었다. 그런데 누워 있는 환자를 보니 복식호흡을 하고 있었다. 한의사는 주변 사람들에게 "아직 안 돌아가십니다. 걱정하지 마세요"라고 말했다.

그랬더니 "무슨 말이냐", "저 보시라", "곧 돌아가신다" 하면서 다들 난리다. 그러나 한의사는 조용히 집으로 돌아왔다. 한의사의 말이 맞았다. 그분은 돌아가시지 않았다.

한참의 세월이 지났다. 한의사에게 또 전화가 와서 빨리 와달라고 성화다. 예전 그 집이다. 한의사는 다시 그 집으로 향했다. 환자를 보니 흉식호흡을 하고 있었다. 한의사는 사람들에게 "준비하셔야겠습니다. 두 시간 안에 돌아가십니다"라고 이야기했다. 그 환자는 말 그대로 두 시간 안에 숨을 거뒀다.

이처럼 호흡만 봐도 그 사람의 상태를 가늠할 수 있다. 죽음에 다다른 그 환자는 에너지가 점차 소멸하니까 복식호흡을 할 수 없었고, 간신히 가슴에서 나오는 호흡만으로 연명했던 것이다. 호흡 상태만 봐도 신체 상황을 판단할 수 있다. 신체뿐 아니라 심리 상태도 가늠할 수 있다.

💬 긴장하면 숨이 가빠지는 이유

일반적으로 호흡이란 신체 밖에 있는 공기가 몸 안으로 들어온 후 몸 안의 불순물을 공기와 함께 밖으로 내보내는 생리적인 현상을 말한다. 들이마시는 숨을 들숨이라 하고, 내보내는 숨을 날숨이라 한다. 들숨과 날숨의 주기적인 현상이 호흡이다. 우리 몸의 일부는 자율신경계의 지배를 받기 때문에 우리의 의지와 무관하게 작동된다. 예컨대 위를 우리 의지대로 움직이거나 심장을 의지대로 멈추게 할 수 없다. 그러나 자율신경계의 영향을 받으면서도 의지에 따라 움직임을 조절할 수 있는 것이 있는데, 바로 폐의 작용인 호흡이다.

호흡은 수동적인 호흡과 능동적인 호흡으로 나뉜다. 수동적인 호흡은 생명을 유지시키는 무의식적인 호흡이다. 노력하지 않아도 생명을 유지시키기 위해 자동으로 이뤄지는 호흡을 말한다. 능동적인 호흡은 말하기를 위한 호흡이다. 말과 감정에 작용하는 호흡이다. 삶을 유지시키는 수동적인 호흡은 적은 노력으로 무의식중에 일어나지만, 말하기를 위한 호흡은 의식에서 발생하고 의식에 따라 달라진다.

호흡을 깊은 호흡과 얕은 호흡으로 나눌 수도 있다. 그중에서 얕은 호흡은 올바르지 못한 자세, 잘못된 습관, 신체적 긴장, 심리적 긴장에서 오는 호흡이다. 몸이 긴장하거나 타인을 지나치게 의식하면 호흡의 깊이를 잃어버린다. 심리적인 압박도 무의식적으로 긴장을 만든다. 만약 호흡할 때 어깨가 눈에 띄게 올라간다면 높고 얕은 호흡을 한다는 증거다. 복부가 지나치게 단단한 것도 호흡에 장애가 된다. 호흡이 몸 안으로 들어오려면 복부의 벽이 해방되어야 한다. 그렇지 않으면 호흡이 들어오는 것을 막게 된다. 복부의 벽이 해방되면 횡격막이 아래로 내려가 더 큰 공간을 만들 수 있다. 또한 호흡의 지지가 없는 것도 호흡에 장애가 된다. 호흡을 지지해주지 않으면 목이 과부하에 걸린다. 닫힌 무릎, 경직된 골반, 단단한 복부, 팽창되지 않는 흉곽, 어깨·턱·혀 등의 광범위한 긴장은 깊은 호흡을 하지 못하게 한다.

호흡만 봐도 그 사람의 상태를 가늠할 수 있는 것은 호흡에 따라 마음과 몸에 변화가 일어나기 때문이다. 호흡은 감정과 몸에 반응하고, 감정과 몸도 호흡에 반응한다. 정서와 호흡은 같은 것이다. 호흡을 이해하고, 불필요한 긴장은 제거하고. 호흡에 필요한 근육을 단련시켜야 한다.

💬 날숨을 제대로 쉬어야 소리가 맑다

오랜만에 독일에 갔다. 첫째를 낳고 길렀던 곳이다. 그 시절

친하게 지냈던 제이 엄마는 첼로를 전공한 엘리트다. 제이 엄마가 나보고 요즘 한국에서 뭐 하고 지내느냐고 물었다. 보통은 대학에서 강의를 하고, 가끔 스피치 강의 요청이 오면 외부 출강도 한다고 대답했다. 그랬더니 "언니, 스피치가 뭐야? 뭘 가르치는 거야?" 하고 묻는다. 나는 특정 분야를 집중해서 가르치고 있다고 말했다. 스피치 분야 중에서 어떤 부분인지, 왜인지를 대략 설명했다.

제이 엄마는 교육가 집안에서 자란 터라 교육에 관심이 많았다. 나는 강의를 하면 할수록 '긴장'이 가장 큰 문제라고 했다. 제이 엄마도 즉시 맞장구를 쳤다. 그녀는 나보다 일곱 살이나 어리지만 그곳에서는 명성이 자자한 실력 있는 첼로 선생님이다. 정기적으로 미국으로 건너가 마스터클래스를 하기도 한다. 한국에서 명문 예술중·고등학교와 S대, 독일 최고연주자 과정을 거친 인재다. 스피치의 큰 문제가 긴장이라는 내 이야기에 그녀는 크게 공감했다. 첼로를 전공하는 학생들에게도 긴장이 가장 큰 문제란다.

나는 이어서 말했다. 긴장 자체가 큰 문제라기보다는 긴장 때문에 날숨을 제대로 못 쉬는 것이 문제라고. 스피치를 할 때는 나가는 호흡, 즉 날숨을 조절하며 말을 해야 하는데 사람들은 날숨을 제대로 내쉬지 못하고 활용하지 못한다. 제이 엄마는 그 이야기에 손뼉까지 치며 맞장구를 쳤다.

첼로는 활을 켜서 소리를 내는 현악기다. 그런데 연주자가 긴장하면 소리가 잘 나지 않는다. 아무리 현악기라 하더라도 복식호흡을 하지 않고 흉식호흡을 하면 가슴 부위와 가까운 어깨가 긴장하게 되어 있다. 어깨가 팔과 목에 연결되어 있기에 연주에 지장을 준다. 숨을 들이마셨다면 잘 내쉬어야 한다. 그러나 나가는 숨을 잘 조절하지 못하기 때문에 더욱 긴장하게 된다. 호흡이 나가는 동시에 활을 그어야 하는데 숨을 들이마시면서 그으려고 하니까 맞지 않는다는 것이다. 제이 엄마는 이렇게 말했다.

"언니, 요즘 애들은 호흡을 마시기만 하고 내쉬지를 못해. 그래서 학생들에게 (활을 길게 아래로 긋는 동작을 하며) 내쉬고~, 내쉬고~, 내쉬고~, 내쉬고~ 이렇게 하면서 가르쳐."

나도 그녀의 말에 격하게 동의했다. 특히 요즘 아이들은 몸을 움직이는 시간이 부족하고 심리적인 긴장도 많아서 기초적인 날숨 활용에도 어려움을 겪는다. 들숨과 날숨은 모두 호흡에 관한 문제이지만, 우리의 심리와 신체 그리고 정신에 모두 작용한다. 그래서 호흡이 매우 중요하며, 특히 날숨에 주목해야 한다.

💬 소리가 잘 통하는 몸 만들기

횡격막 느끼기

하품을 할 때는 입안이 충분히 열리면서 많은 양의 공기가 폐로 빨려 들어간다. 이때 횡격막이 아래로 내려가고 목구멍이 충분히 열리고 목구멍부터 기관지까지 공기를 빨아들인다는 것을 느낀다. 공기를 모두 내뱉는다. 호흡을 안 하다가 견딜 수 없을 때 들숨을 쉰다. 횡격막에 의해 공기가 빨려 들어가는 것을 느낀다.

비강호흡

들숨과 날숨은 끊임없이 원을 만든다. 코는 호흡을 시작하는 문이다. 코는 호흡과 후각과 공명을 담당한다. 코로 하는 호흡은 성도를 이완시키고 뺨의 근막을 들어 올린다. 성도와 후두와 복부 벽 근육을 이상적인 위치까지 오르게 하며, 깊은 호흡이기 때문에 집중도도 높아진다.

오른손의 검지와 중지로 오른쪽 콧등을 지그시 누르고 왼쪽 콧구멍으로 호흡한다. 왼쪽이 끝나면 오른쪽으로도 훈련한다.

1. 코로 천천히 들숨(4박자) - 입으로 천천히 날숨(4박자)

2. 코로 천천히 들숨(4박자) – 멈춤(4박자) – 입으로 천천히 날숨(4박자)

3. 코로 천천히 들숨(8박자) – 입으로 천천히 날숨(8박자)

4. 코로 천천히 들숨(8박자) – 멈춤(4박자) – 입으로 천천히 날숨(8박자)

날숨에 허밍을 내도 좋다. 허밍은 윗니와 아랫니가 살짝 떨어진 상태에서 입술을 살짝 닿게 하고 내는 비음이다. 호흡의 자연스러운 리듬을 느낀다.

호흡과 자세

호흡과 자세는 상호 독립적인 조화를 이룬다. 자세가 바르면 호흡도 바르고, 호흡이 바르면 좋은 자세가 나온다. 정렬 자세에서 호흡이 바르면 불필요한 근육의 경직에서 벗어날 수 있다.

1. 누운 자세와 호흡

바닥에 눕는다. 따뜻한 욕조에 몸을 담그고 있다고 상상한다. 몸이 나른해지고, 붕 떠오르는 걸 느끼면서 부드럽게 하품으로 호흡한다. 호흡을 하면서 몸의 이완을 느낀다.

2. 상체 굽히기와 호흡

- 완전히 굽히기: 상체를 굽혀 몸이 좁은 C자 형태가 되게 한다. 팔과 손, 머리를 늘어뜨린다. 무릎은 약간 굽힌다. 들숨을 쉬고, 상체의 근육들을 느낀다.
- 반 굽히기: '완전히 굽힌' 상태에서 상체를 조금 일으켜 이마가 가슴 부위에 오게 한다. 상체에 힘을 빼고 등의 아랫부분에서 호흡하도록 집중한다.
- 바운스: 상체를 부드럽게 하고 무릎에 반동을 주면서 호흡을 내쉰다.

3. 의자에 앉은 자세와 호흡

다리를 어깨너비로 벌리고 발은 편히 바닥에 두고 엉덩이 뒷부분이 의자 앞머리에 걸치게 한다. 앞을 향해 팔꿈치를 무릎 위에 올려놓고 두 손을 모아 무릎 사이에 둔다. 들숨과 날숨을 쉬면서 배꼽이 척추를 향한다는 느낌으로 호흡을 내뱉는다.

날숨

윗니와 아랫니를 살짝 떨어뜨리고 호흡이 가능한 어렵게 빠져나가도록 "스" 발음을 지속한다. 날숨이 가능한 길고 강하면서 균등하게 빠져나가게 한다. 복부의 움직임을 느끼면서

"스" 소리를 낸다.

호흡과 복부 이완

배꼽에 손을 대고 들숨을 할 때 복부가 팽창하는 것을 느낀다. "스" 소리와 함께 배꼽이 척추를 향한다는 느낌으로 날숨을 뱉는다. 날숨을 모두 뱉으면 들숨은 자연스럽게 들어온다. 이 때 몸이 긴장하지 않도록 주의한다. 목덜미는 길게, 턱은 느슨한 상태를 유지한다.

빨대 호흡

빨대를 입술에 살짝 문다. 4박자를 세면서 호흡을 내뱉는다. 천천히 4박자를 세면서 호흡을 들이마신다. 이를 반복한다.

풍선 불기

풍선에 초점을 두지 말고, 호흡이 어떻게 움직이는지 확인하면서 분다.

깃털 불기

30센티미터 정도의 상상의 깃털을 호흡으로 날려보자. 코로 들숨을 쉬고 입으로 날숨을 쉰다.

수박씨 뱉기

누워서 천장의 한 지점을 겨냥해 수박씨를 강하게 뱉어보자. 코로 들숨을 쉬고, 입으로 상상의 수박씨를 뱉는다. 수박씨의 양을 점점 늘린다.

모기 잡기

모기가 날아다니는 모습을 소리로 표현한다. 모기가 가까이 있다가 멀어지기도 한다. "앵" 하는 모기 소리를 다양하게 내기 위해서 호흡을 조절한다.

촛불 끄기

눈앞에 촛불이 있다고 상상한다. 촛불과 거리를 점점 멀리 하면서 꺼보자. 날숨을 조절할 수 있게 되면 다양한 소리를 낼 수 있다.

사람의 마음을 움직이는 거대한 힘

💬 긴장하면 왜 입이 안 벌어질까

오감 스피치는 '말'에 관한 것이므로 입을 사용해야 한다. 사실 입은 인간이 유대를 시작하는 감정기관이다. 갓 태어난 아기는 입을 통해 엄마 젖을 물고 생명을 이어가고 감정을 전달받지 않는가. 자라서도 인간은 입을 통해 감정과 정보를 주고받는다. 기분 좋은 음식을 먹으면 입이 행복해지면서 몸이 행복해진다. 상한 음식을 먹었거나 기분이 나빠지면 입으로 토하여 나쁜 것을 몸 밖으로 빼내려고 한다.

입이 처져 있으면 타인에게 의기소침하거나 낙심하거나 실

망했다는 정보를 주게 된다. 특히 서양에서는 입을 중심으로 감정 상태를 판단한다. 분노나 혐오 같은 감정은 입을 좀더 벌리는 쪽으로 인지한다. 서구의 이모티콘은 눈보다는 입 모양에 변화를 주어서 감정을 표현한다. 예를 들어 웃는 건 ':)', 언짢은 건 ': ('로 나타낸다. 그만큼 입에서 얻는 정보가 많다는 얘기다.

입의 움직임은 신체적인 습관처럼 보이지만 사실 감정과 관계가 많다. 입은 말하기에 쓰이는 발성기관들이 밀집한 곳이다. 발성기관에는 크게 턱, 혀, 입술이 있다. 심리적으로 위축되거나 긴장하면 제일 먼저 턱이 굳는다. 입을 아무리 벌리려고 해도 벌려지지 않는다. 예를 들어 뉴스에서 성추행이나 성폭력을 당한 사람들에게 왜 크게 소리 질러 살려달라고 말하지 않았느냐고 물으면 하나같이 몸이 굳어 입을 벌릴 수 없었다고 한다. 심리적인 경직이 입마저 움직이지 못하게 한 것이다. 어떤 사람은 어렸을 때 심한 개구쟁이였는데 "입 좀 다물어", "말을 아껴" 소리를 너무 많이 들어서 그 여파로 이제는 말을 잘 안 하게 됐다고 말하기도 한다. 또 입술을 지나치게 많이 움직이면 경박해 보인다는 생각에 입술 자체를 잘 움직이지 않으면서 말하는 이들도 있다. 마음의 경직이 입을 굳게 한 것이다.

마음이 위축되면 제일 먼저 나타나는 현상이 목과 어깨의 경직이다. 목은 턱과 연결되어 있다. 턱과 연결된 근육에는 입술 주변 근육과 혀 근육이 있다. 결국 심리적 원인 때문에 입술, 혀, 턱에 문제가 생기는 것이다. 그러면 소통에도 큰 문제가 생긴다.

💬 입술 주변 근육을 풀어주자

입은 코와 같이 호흡을 담당하지만, 말할 때 그 기능이 발휘된다. 입술은 발성기관 중에서 움직임이 제일 많은 곳이다. 입술은 호흡과 발성, 발음을 조절하고 통제한다. 일반적으로 아랫입술이 윗입술보다 더 많이 사용된다. 그러나 윗입술을 절대 게으르게 움직여서는 안 된다.

입술 모으기

입술 끝에 힘을 주어 최대한 모은 후, "쪽-쪽-쪽" 소리를 낸다. 소리가 멀리 전달되도록 입술에 힘을 모은다.

입술 치기

입술에 완전히 힘을 뺀다. 검지로 아랫입술을 빠르게 마찰하면서 "므", "브" 소리를 낸다. 날숨으로 나가는 공기의 양이 일정해야 한다. 즉 "므" 또는 "브"의 소리가 일정해야 한다. 윗입술도 똑같이 한다.

입술 마사지

아랫니를 사용하여 윗입술을 반복적으로 살짝 깨물면서 마사지한다. 윗니를 사용하여 아랫입술을 살짝 깨물면서 마사지한다. 마사지할 때 힘을 너무 세게 주지 않도록 주의한다.

입술 떨기(립트릴)

두 입술에 긴장을 완전히 뺀다. 입술은 가볍게 닫는다. 약간의 압력으로 공기를 일정한 속도로 내보낸다. 붙어 있던 입술이 "푸~~~~~"소리와 함께 떨어졌다가 다시 빠르게 붙는다.

사방으로 움직이기

1. 입술 근육을 오른쪽으로 천천히 끝까지, 왼쪽으로 천천히 끝까지 민다.
2. 오른쪽, 왼쪽 빠르게 반복하여 움직인다.
3. 입술 근육을 위쪽으로 천천히 끝까지, 아래쪽으로 천천히 끝까지 움직인다.

4. 위쪽, 아래쪽으로 빠르게 반복하여 움직인다.
5. 입술 근육을 시계 방향, 또는 시계 반대 방향으로 천천히 크게, 끝까지 돌린다.
6. 빠르게 반복한다.
7. 입술에 힘을 주어 뽀뽀하듯 가운데로 모았다가, 입술을 양 끝으로 늘린다.

손가락 물고 말하기

엄지와 검지의 끝을 맞대 동그랗게 만든다. 동그랗게 만든 엄지, 검지를 입안에 살짝 넣고 윗니와 아랫니가 닿도록 한다. 그 상태에서 입술을 적극적으로 움직여 말을 한다. 손가락이라는 장애물 때문에 발음에 어려움이 생기는데, 발음을 정확히 하기 위해 입술을 더욱 정확하고 적극적으로 움직인다.

💬 잔잔한 마음에 파문을 일으키는 기술

사람들은 가끔 이성적 판단이 아닌 느낌에 따라 행동할 때가 있다. "이유는 설명할 수 없는데, 느낌이 안 좋아. 그 일 안 할래", "저 사람은 왠지 모르지만 끌리지가 않아" 등 말로 설명할 수 없지만 부정적인 느낌이나 감정으로 행동을 결정한다.

그렇다면 마음이나 느낌은 어떻게 만들어질까? 마음을 움직이는 건 울림이다. 울림은 공명을 말한다. 그 사람의 말이나 행동이 마음에 울림을 만들어내 계속 남게 하는 것, 그래서 그 계기로 행동을 결정하게 되는 것이다. 우리의 마음을 육체에서 분리할 수 없듯이 감정은 우리 삶에 절대적이다. 우리는 항상 느낌, 감정, 마음, 심리 상태에 대해 이야기한다. 이때 소리가 절대적인 역할을 한다. 소리에는 놀라운 힘이 있다. 소리는 섬세하고 부드러우면서도 날카롭게 느낌을 전달한다. 사람을 이해시키고, 마음을 따뜻하게 하고 강하게 한다. 소리에서 가장 중요한 것이 공명이다. 공명은 울림을 만들고 파문을 일으켜 잔잔하거나 거대하게 사람을 움직인다.

철학에서는 이를 파토스(pathos)라고 한다. 로고스(logos)와 상대되는 말이며 고대 그리스어 파스케인(paschein), 즉 '받다'에서 파생했기에 근본적으로는 '받은 상태'를 뜻한다. 사람의 감정 상태를 가리키며, 대상의 자극을 받아서 생기는 감정이나 기분 또는 정서를 총칭하기도 한다.

공명을 만들어보자. 윗니와 아랫니를 살짝 떨어뜨린 후에 입술을 다문다. 복식호흡을 사용하여 "흠~" 소리를 내면서 울림을 넓혀보자. 울림이 만들어질 때 입술과 혀가 떨리는 것을 느껴보자. 공명이 더 커지게 만들어보자. 목에 힘을 주어서는 안 된다. 목에 힘을 빼고 나가는 호흡으로 공명을 넓혀보자.

💬 뼛속에 사무친다는 말의 의미

소리는 공기 중의 규칙적인 움직임을 뇌가 해석한 결과물이다. 예컨대 규칙적인 소리의 파장을 듣기 좋게 만든 것이 음악이다. 사람이 만들어내는 소리는 모두 공명을 갖고 있으며, 공명에 따라 소리가 다양하게 전달된다. 공명은 성대의 울림에 소리가 증폭되어 진동이 더해지는 현상을 말한다. 성대에서 만들어진 소리가 가슴이나 목, 입, 코, 머리 등에서 진동이 확장되는 것이다. 공명은 움푹 들어간 공간이나 단단한 표면에 닿을수록 더 높아진다. 흔히 '뼛속에 사무친다'라는 표현을 하는데, 이 역시 말이 가지는 파장 때문에 생겨났다. 상대의 어떤 말이 깊은 내면까지 파고들어 꽂힐 때 쓰는 말이다. 말이 지닌 의미가 가슴속에 와닿을 때 쓰이며, 공명으로 인해 가슴이 찌릿해지는 때도 있다.

앞서도 말했듯이 방송인 김미숙 씨와는 친하게 지내는 사이다. 하루는 그 부부와 식사를 하는데, 남편인 왕종근 아나운서가 이런 얘기를 했다.

"내가 왜 이 사람과 결혼하게 됐는지 알아?"

"왜요? 독특한 이유가 있었어요?"

"나는 아나운서잖아. 미숙이는 성악가고. 하루는 내 남동생이랑 다 같이 노래방에 갔어. 미숙이가 노래를 하기 시작하는데 성악을 했기 때문에 목소리가 엄청나게 큰 거야. 소리가 울리기 시작하는데 테이블 위의 물잔이 덜덜 떨리더라고. 그 울림이 어찌나 크고 강한지 내 뼛속까지 울리는 거야. 그러더니 마음이 쿵쾅거리기 시작했고 나는 그야말로 '뿅' 가버린 거지."

그때의 기억이 떠오르는지 눈빛까지 아련해졌다. 그의 결혼 동기는 바로 '공명'이었다. 뼈까지 울린 그 공명! 그 공명의 여운은 계속됐고 반드시 자기 사람으로 만들겠다는 의지가 생겼는데, 지금은 경제권마저 모두 넘기고 말았다는 그는 부인의 말이면 무조건 순종하는 예스맨으로 살고 있다.

뼈나 연골이나 얇은 막이나 힘 있는 근육은 공명을 증폭하고 전도하는 역할을 한다. 단단할수록 더 강한 공명이 만들어진다. 뼈가 가장 좋고, 그다음이 연골이고, 그다음이 강한 근육들이다. 축 늘어진 살들은 스펀지처럼 진동을 덮어버린다.

교사, 강사, 정치인, 변호사, 비즈니스맨처럼 목소리를 많이 사용하는 사람들은 적은 노력만으로도 공명을 활용할 수 있도록 교정받으면 좋다. 공명기관은 실제 목소리를 보다 크게 만들어주는 곳이다. 얼굴의 마스크 부분인 부비강(콧구멍이 인접해 있는 뼛속 공간), 코, 뺨이 공명을 만드는 주요 기관이라 할 수 있다. 공명은 목소리가 맑고 쉽게 전달되도록 해준다.

공명을 발달시키려면 평상시에 허밍을 많이 내는 것이 좋다. 혼자 있을 때 허밍을 자주 내도록 한다. 시간이 없다면 샤워할 때마다 허밍을 내도 좋다. 따뜻하게 가습된 욕실은 후두를 허밍하기 좋은 상태로 만들어준다. 또한 욕실은 소리가 잘 울리는 장소이기도 하다. 울림이 잘 나는 장소에서 허밍을 내기 시작하면 금방 자기 소리를 체크할 수 있다.

혀뿌리를 아래로 내리고 연구개를 들어 올리면 공명을 만들 수 있는 공간이 더 확보된다. 뺨을 살짝 들어 올리면 코와 뺨 주변의 공간이 열린다. 공간이 열리면 소리는 앞으로 뻗고 공명의 폭이 더 넓어진다. 쉽게 말해 입안을 둥글게 만들고 미소를 짓듯 뺨을 들어 올리면 공명이 더욱 개발된다.

💬 성악가는 왜 웃으면서 노래할까

목소리 퀄리티를 높이기 위해 가장 노력하는 사람이 성악가다. 성악가가 노래하는 모습을 보면 대부분 웃고 있다. 왜일까? 웃으면 소리가 잘 나오고 웃지 않으면 소리가 잘 안 나온다는 말인가? 결론적으로 말하자면 그렇다.

광대 부분을 들어 올려 '스마일 기법'으로 노래하면, 답답하고 막힌 소리가 아니라 청명하고 울림 있는 소리가 나온다. 앞으로 나가는 탁 트인 소리를 갖게 된다. 얼굴 부위에서 더 많이 울리는 소리, 즉 두성 발성법이다. 두성에서 나는 소리는 활발하고 생기 넘치게 들린다. 소리에 탄력이 있다. 두성 중에서 머리를 중심으로 나는 울림은 소리에 투명함과 명암을 준다. 그리고 입안을 중심으로 나는 소리는 둥글고, 코안을 중심으로 한 소리는 부드럽다.

공명이 발생하려면 공간이 있어야 한다. 신체 중에서 공간이 가장 많은 곳이 얼굴 부위다. 코를 주변으로 이마, 광대, 입술 주변에 있는 공간을 활용하려면 근육을 살짝 들어 올려야 한다. 그러면 소리가 청량하고 맑게 들린다. 쉽게 말해서 살짝 웃으면서 말해야 좋은 공명이 발생한다는 뜻이다. 얼굴 근육이 밑으로 처지면 소리가 우울하면서 답답해진다. 공명의 밀도감이 높으면서 낭랑한 목소리는 열정적으로 보이게 하고 주변의 분위기를 생동감 있게 해준다.

성악가는 소리를 매우 민감하게 사용한다. 그들이 추구하는 소리는 얼굴을 중심으로 하는 소리다. 웃으면서 내는 소리는 자기에게는 상대적으로 작게 들리고 타인에게는 크게 들린다. 어둡고 처진 소리는 본인에게는 크게 들리지만 타인에게는 작게 들린다. 성악가가 사용하는 스마일 기법을 우리도 사용해야 한다. 음색을 명쾌하고 에너지 넘치게 사용하고 싶다면 오늘부터 웃으며 말해보자. 웃으며 맞장구치자. 광대가 살짝 올라간 스마일이 나의 인상이 되도록 만들어보자.

💬 말보다 더 강력한 미소의 힘

우리는 유교 문화에 많은 영향을 받았다. 그러나 지금은 글로벌 시대다. 핸드폰을 들고 손가락으로 터치만 하면 지구 반대편과 실시간으로 소통할 수 있는 시대를 살고 있다. 세계 모든 나라와 분야에서 공통으로 사용하는 언어가 바로 '스마일어'다. 한국은 지금 전 세계의 주목을 받고 있으니, 더더욱 스마일 기법을 써야 한다. 어디서나 이해되고, 마음만 먹으면 즉시 꺼내 사용할 수 있는 스마일 기법! 바로 맞장구다. 가정에서, 직장에서, 일상에서, 미팅 중에 언제 어디서나 모두에게 이해되는 이 기법을 적극적으로 사용하자.

　지휘자 금난새 선생님이 이런 이야기를 하신 적이 있다. 세계 여러 나라에서 초청받아 지휘하러 다니는데, 간혹 새로 온 지휘자와 그곳의 정규 오케스트라 단원 사이에 알게 모르게 힘겨루기가 생기기도 한다. 그 지휘자가 얼마나 실력 있는지 시험해보거나 골탕 먹이려고 일부러 한 부분을 건너뛰기도 하고 실수도 한다. 그럴수록 지휘자는 카리스마를 발휘하여 단원들을 통솔해야 한다. 그런 상황에서 금난새 선생님이 가끔 쓰는 기법이라며 이야기를 꺼낸 것이 이 스마일 기법이다.

일반적으로 오케스트라 단원들을 처음 만나면 자기소개를 하고 인사말을 하고 연습에 들어간다. 그러나 금난새 선생님은 경쾌하고 자신감 넘치는 구둣발 소리를 '뚜벅, 뚜벅' 내며 지휘자 자리로 갔다고 한다. 그러고는 한마디 말도 하지 않고 단원들과 눈을 맞추고는 미소를 지은 후에 바로 지휘봉을 들고 연습에 들어갔다는 것이다. 외국인 지휘자가 와서 자기소개도 하지 않고 미소만 짓더니 바로 지휘하기 시작했는데, 단원들은 그 카리스마에 휘둘려 모두 잘 따라주었고 성공적으로 연주를 맞췄다고 한다. 선생님은 여러 말보다 미소가 더 강력한 카리스마라고 하셨다.

전문인들을 대상으로 하는 스피치 강의에서 나는 금난새 선생님의 이 일화를 많이 얘기한다. 사람들은 이상하리만큼 자신이 안 웃고 있다는 사실을 잘 모른다. 미소가 가진 강력한 힘도 모른다. 거울 뉴런은 따뜻한 미소를 통해 공감을 주어 다른 이의 불안을 누그러뜨린다. 서로 관계를 쌓을 때 따뜻한 미소야말로 더없이 효과적인 커뮤니케이션 수단이다.

CHAPTER 3. 오감으로 말하기

목소리

목소리 자체가
콘텐츠다

💬 **메시지만큼 중요한 목소리**

음성, 그 자체도 콘텐츠다. 음성으로 오감을 표현하려면 바로 눈앞에 그림을 그리듯 말해야 한다. 오감이 살아 움직이면서 상대에게 전달되게 하려면 화자의 마음속에서 먼저 그림을 그리듯 상상하며 말을 해야 한다. 미각, 청각, 시각, 촉각, 후각의 오감은 동사에서 느껴진다. 말에 사용되는 단어가 움직임을 동반하는 오감의 단어이면 그 단어를 말함과 동시에 본인도 그때의 느낌이나 기억을 되살리며 감정을 느껴야 한다.

감정과 함께 말하기가 바로 오감으로 말하기다. 부정확한 감정이나 확신 없는 목소리, 힘 빠지는 말, 충분치 못한 호흡, 아이 같이 가늘고 높은 목소리는 감각적인 언어를 사용하는 데 장애를 준다. 음성을 잘 사용하는 사람은 자기 능력에 높은 가산점을 받게 된다. "저 사람 말은 살아 있어", "똑같은 말이라도 차원이 다르네", "목소리만 들어도 상상이 간다" 등의 호평을 받게 된다.

💬 신뢰할 수 있는 목소리는 따로 있다

맞장구치는 사람의 목소리에서 신뢰가 느껴지지 않는다면 맞장구도 진실되게 느껴지지 않는다. 우리는 목소리를 통해 신뢰를 얻는다. 청나라의 증국번은 사람을 보지 않고 목소리만 듣고도 상대가 영웅인지 아닌지 판별할 수 있다고 했다.

목소리는 실제 사람의 이미지와 인상을 결정하는 데 중요한 역할을 한다. 목소리만 들어도 그 사람을 신뢰할 만한지 아닌지를 알 수 있다. 커뮤니케이션에서는 전달하려는 메시지보다 말하는 이의 목소리가 최대 두 배까지 중요하다고 설명한다.

사람들은 몸매나 얼굴을 관리하기 위해 많은 시간을 들이고 노력을 기울인다. 신뢰를 얻기 위해 비싼 돈도 마다치 않고 성형을 하지만 정작 목소리에는 그만큼 투자하지 않는다. 치아

교정에는 신경 쓰면서 발음에는 거의 무관심하다. 그러나 목소리는 선천적으로 생겨나는 것이 아님을 기억해야 한다. 성대의 물리적인 움직임인 발성 습관은 오랜 기간 축적되어 형성된다. 더욱이 발성 습관은 인상과 이미지, 표정과 자세, 성격과 깊은 관계가 있다. 잘못된 발성 습관 탓에 신뢰받지 못하고 있다면 발성 훈련을 통해 개선하는 것이 좋다.

💬 표정이 바뀌면 목소리도 바뀐다

샤사라는 아이가 어느 날 들려준 이야기다. 그의 아빠는 공군 기장인데, 그의 기억 속에서는 굉장히 무서운 사람이었다. 샤사는 또래 아이들보다 몸이 작은 남자 아이였기에 아빠는 더 크고 무서운 존재였다. 종종 숙제를 봐주던 아빠는 샤사가 잘 모르겠다고 하면 그 큰 손으로 뒷머리를 눌러 책상에 부딪치곤 했다. 샤사가 질문을 하면 부드럽게 설명하지 않고 군대식으로 크고 거칠게, "확실히 봐! 문제를 잘 봐! 아직도 모르겠니?"라고 다그쳤다. 샤사는 아빠의 목소리를 떠올리면 무서운 표정이 함께 떠오른다고 했다.

　목소리와 표정은 과연 어떤 관계가 있을까? 왜 샤사는 목소리만 들어도 아빠의 무서운 표정이 느껴지는 걸까?

목소리와 표정에 관한 연구 결과에 따르면, 표정은 발성을 내는 습관에 큰 영향을 미친다고 한다. 이비인후과의 연구에서도 비슷한 사례가 있다. '음성 장애 관리법'에 따르면, 정서적 요인으로 음성에 장애가 생긴 환자 중에 정서적인 문제가 해결됐음에도 음성 장애가 개선되지 않는 경우가 있다고 한다. 정서적 문제가 발생했을 때 굳어진 근육이 여전히 발성에 영향을 미치기 때문이다.

평상시에 울음이나 화를 참는 듯 불안정한 표정을 짓는 사람들은 만성적인 긴장 상태를 무의식적으로 표출하는 사람들이다. 오랜 기간 감정을 제대로 표현하지 못한 탓에 근육이 긴장된 상태로 굳어버린 것이다. 굳어진 근육은 신체의 전반적인 자세에도 변형을 일으키며 발성에도 영향을 미친다. 발성 근육에 문제가 생겼기에 음성 장애가 생기는 것이다. 그러므로 발성 습관이 달라지지 않으면 음성 장애도 개선되지 않는다.

샤사의 아버지는 지위가 꽤 높은 공군 기장이었다. 그는 비행기를 조종하면서 항상 긴장 상태를 유지해야 했을 것이고, 긴장된 신체가 긴장된 표정으로 나타났을 것이다. 그리고 긴장된 표정이 긴장된 목소리로 나타났을 것이다. 근육 패턴과 목소리 패턴이 연결되어 있듯이, 무서운 표정과 무서운 목소리도 이처럼 연결되어 있다.

사람들을 보면 대부분 표정과 목소리가 비슷하다는 걸 알 수 있다. 젊은이 중에 유독 어린아이 같은 표정을 짓는 사람은 목소리도 어김없이 유아 같다. 험상궂은 표정의 사람은 그와 어울리는 목소리를 내고, 불안한 표정의 사람은 불안한 목소리를 낸다. 신체 근육의 긴장 정도에 따라 표정이 형성되고, 형성된 표정 근육은 그 패턴에 맞는 목소리 패턴을 만든다.

💬 목소리가 성격을 바꾼다

목소리는 성격과도 깊은 관계가 있다. 하버드대학교의 연구 결과에 따르면, 사람들의 80퍼센트가 목소리만 듣고 그 사람의 신체와 성격을 판단한다고 한다. 목소리가 크고 우렁찬 사람은 적극적이고 외향적인 성격의 소유자라고 판단하고, 목소리가 작고 기어들어 가는 사람은 내성적이고 소극적인 사람으로 판단한다. 샤사 아버지의 목소리와 표정도 곧 성격을 나타낸다. 어린 샤사의 눈에 아빠의 목소리는 성격 그 자체였다. 군대식 사고방식과 행동 말이다.

이처럼 목소리와 성격이 깊은 관계가 있기 때문에 좋은 성격을 소유하고자 한다면 좋은 목소리로 말하는 것이 좋다. 좋은 목소리로 말하는 사람은 좋은 성격의 소유자로 비친다.

나는 결혼하기 전에 '나의 배우자는 어떤 사람일까?' 하는 상상을 많이 했다. 다른 건 몰라도 목소리 하나만큼은 좋은 사람이랑 결혼하고 싶었다. 외모보다 목소리 좋은 사람이 더 좋았다. 목소리가 좋으면 왠지 자상할 것 같았다. 외모는 타고나지만 말투나 톤은 성격과 습관을 드러내기 때문에 나에게는 목소리가 더 중요했다. 배우자가 될 사람의 조건으로 좋은 목소리 하나만 꼽을 정도였다. 그리고 실제로 목소리가 나쁘지 않은 남편을 만났다. 지나치게 느리거나 빠르지도 않고 차분하며 대번에 신뢰가 가는 목소리를 지닌 남자다. 그러나 솔직히 외모는 목소리와 다르다. 목소리만 들으면 외모도 출중할 것 같은데 막상 얼굴을 보면 그 정도는 아니다. 그러나 남편의 목소리는 목소리의 인상만큼이나 좋은 성격의 사람임을 확인시켜준다.

Y라는 친구가 있는데, 타인 앞에서 말을 많이 해야 하는 직업을 가지고 있다. 어느 날 그 친구가 씩씩대며 말했다.

"둔한 사람들은 정말 답답해. 왜 똑같은 말을 몇 번씩 반복해야 하는지 모르겠어."

나는 조용히 듣고 있다가 조심스레 말했다.

"Y야. 네가 너무 빠른 거야. 네가 너무 빨리 말해서 나도 가끔 네가 무슨 말을 하는지 못 알아듣겠어. 너무 급해. 말도 빠르고, 성격도 급하고⋯⋯."

그는 자기가 정상이고 자기 말을 이해하지 못하는 사람들이 비정상이라고 생각했다. 나는 그에게 말을 조금 천천히 하라고 권했다. 말을 빨리하다 보니 발음이 부정확해져서 듣기에도 편하지 않았기 때문이다. 상대가 잘 듣게 하려면 조금 천천히 그리고 명확히 말해줘야 한다.

힘없는 목소리는 감성적으로 들릴 순 있으나 자신감이 없어 보일 수도 있다. 억양이 없는 낮은 목소리는 냉정해 보일 수 있으나 다소 소극적으로 보일 수도 있다. 긴장하듯 쉽게 흥분하는 목소리는 문제를 잘 일으키고 다툼이 잦을 가능성이 크다. 말이 지나치게 빠르면 예민해 보일 수 있다. 말의 속도가 느리면 불통처럼 느껴질 수 있다. 말하는 방식은 그 사람의 성격을 보여준다. 말투나 템포에 따라 성격도 변한다. 치우친 말 습관을 인식하고 변화를 주어야 진정한 맞장구가 이뤄진다. 불통이 소통이 되려면 목소리 패턴을 달리해야 한다.

💬 목소리도 얼굴처럼 고칠 수 있을까

자신의 존재감을 알리기 위해 상대에게 목소리 인상을 남기는 것은 효과적인 표현 방법 중 하나다. 어떤 목소리 인상을 남겨야 할까? 퀄리티 있는 목소리다. 품격 있는 목소리다. 신뢰와 호감을 주는 음성과 말 사용이 바로 퀄리티 있고 품격 있는 목소리다. 목소리를 고품격으로 만들기 위해 성악가들은 매일같이 발성 훈련을 한다. 오직 목소리 질을 높이기 위해 많은 시간과 에너지와 노력을 쏟는다.

호감 가고 신뢰감이 느껴지는 고품격 목소리는 교정을 통해 충분히 만들 수 있다. 목소리는 타고나는 것이 아니라 후천적으로 형성되기 때문이다. 퀄리티 있는 목소리는 그 자체가 큰 강점이다.

목소리의 퀄리티가 바뀌면 그 사람의 퀄리티도 달리 보인다. 기술의 변화는 내용의 질도 달리 보이게 한다. 아무리 좋은 내용이라도 하찮은 듯 말하면 하찮아 보이고, 하찮은 내용이라도 목소리 질과 전달 방식이 고급스러우면 고급스러워 보인다. 여기에서 초점은 전달 방식과 기술이다. 어떤 메시지든 품격 있게 전하면 그 가치가 더욱 높아진다.

정확한 커뮤니케이션을 위한 조건

💬 자음과 모음의 특징을 활용하자

발음은 커뮤니케이션에서 중요한 역할을 한다. 목소리의 성격을 형성하는 요소 중 하나가 발음하는 스타일이다. 발음에는 모음 발음이 있고, 자음 발음이 있다. 모음은 소리를 전달하고 자음은 뜻을 만든다. 즉 자음은 말의 의미를 전달하는 역할을 하고, 말소리에 율동적인 패턴이나 멜로디, 일정한 음색을 만들어 모음에 효과를 덧입히기도 한다.

모음이 짧아 자음이 더 많이 들리면 자칫 여유가 없거나 사람이 가벼워 보일 수 있다. 모음을 길게 빼 울림을 줘야 안정되고 편안한 느낌을 주므로 항상 모음을 풍성하게 내도록 신경 써야 한다. 모음을 통한 발성이 좋으면 소통에 활력이 넘친다. 발성이 좋다는 말은 공명의 밀도감이 높다는 말이다. 모음의 다양한 밀도감을 통해 소음을 뛰어넘을 수 있는 소리나 열정, 서정, 진지, 고통, 강조, 분노, 단호함 등을 표현할 수 있다. 모음을 우유처럼 부드럽게 사용하면 서정적인 표현이 되고, 기관차처럼 과도하게 사용하면 분노를 나타내며, 칼처럼 절제하면 단호함이 표현된다.

　모음 발음은 발성과 입 모양으로 설명할 수 있는데, 모음에서 중요한 것은 입 모양이다. 입술을 움직이지 않고서는 명확한 모음 발음을 얻을 수 없다. 정확한 입 모양은 입술보다는 입술 주변 근육을 사용해야 만들어진다. 입술 주변 근육 중에서 특히 윗입술 주변 근육을 적극적으로 움직이는 것이 중요하다.

💬 입술을 적극적으로 움직이자

입은 소통의 정보를 주는 곳이다. 그런데 우리는 정보를 제공하는 이 입술이라는 기관을 게으르게 움직이는 경향이 있다. '말의 경제성'이라는 이름하에 최소한의 입술 움직임만을 사용하려고 한다. 또한 동양에서는 감정을 입보다 눈으로 표현하며, 입을 사용하는 것에 적극적이지 않다.

맞장구 기술을 익힌다는 것은 습관을 바꾸는 행위다. 즉 커뮤니케이션 능력을 향상시키기 위해 평생 지녀온 신체적 습관을 바꾸는 것이다. 이때 매우 중요한 것이 입 사용에 관한 습관이다. 입술의 움직임이 적으면 발성과 발음에 문제가 생긴다. 귀찮아서 대충 말하는 습관이 있다면 의식적으로 바꿔야 한다.

우리가 얼마나 입을 게으르게 움직이는지를 보여주는 좋은 예가 있다. 한국어의 모음 중에 '애'와 '에'가 있다. '애'는 입술 끝을 옆으로 더 벌려서 내는 소리이고, '에'는 입술을 아래로 살짝 떨어뜨려 내는 소리다. '애기'에서 '애'와 '나라에'에서 '에'의 발음은 다르다. 그런데 대부분 사람이 입술을 게으르게 움직이기 때문에 '애기'의 '애'를 '에'로 발음한다. 이 때문에 어떤 학자들은 한국어의 모음 '애'는 사실상 존재하지 않는다고 주장하기도 한다. 세종대왕이 들으면 지하에서 통곡하실지도 모른다. 소중한 한글 모음 발음을 사람들이 입을 게으르게 움직여 없앤다면서 말이다.

모음은 혀의 위치와 입 모양으로 소리를 만든다. 혀의 위치는 정확하지만 입술 모양이 정확하지 않으면 말이 정확하지 않을 수 있다. 그러나 혀의 위치가 조금 잘못됐더라도 입술 모양이 정확하면 발음이 정확해진다. 발음이 정확하면 말의 이미지가 선명하게 전달된다. 그것이 오감 스피치의 기본 조건이다.

이해하기 쉽고 편안한 목소리는 입과 턱의 긴장을 풀고 편안한 자세를 유지한 채 내는 목소리다. 긴장하면 턱, 입, 혀 모두가 경직된다. 턱에 힘이 들어가면 턱을 위로 올리거나 아래턱을 꽉 다물게 된다. 긴장된 턱과 입은 목소리의 '공명'과 '볼륨'과 '발음'에 나쁜 영향을 준다. 입은 감정과 정보를 전달하는 중요한 수단이므로 맞장구를 위해 입의 움직임 상태를 주의 깊게 체크해야 한다.

💬 받침은 끝까지 발음해야 한다

자음은 오케스트라에서 연주하는 각양각색의 악기와 같다. 말의 패턴을 만드는 역할을 한다. 한국어의 자음은 예사소리, 된소리, 거센소리로 나뉜다.

1. 입술을 붙였다가 떨어뜨리면서 내는 소리: ㅁ, ㅂ, ㅃ, ㅍ
2. 혀끝으로 내는 소리: ㄷ, ㄸ, ㅅ, ㅆ, ㅌ, ㄴ, ㄹ
3. 입천장의 앞쪽 부분에서 내는 소리: ㅈ, ㅊ, ㅉ
4. 입천장의 뒤쪽 부분에서 내는 소리: ㄱ, ㅋ, ㄲ, ㅇ
5. 목에서 내는 소리: ㅎ

자음 발음과 발성이 좋으면 목소리가 건강하고 활력 있게 느껴진다. 그러나 요즘에는 자음 소리가 불분명한 사람이 많다. 호흡이 부족하기도 하거니와 지나치게 흘려 말하는 경향이 있어서 무슨 말인지 알아듣지 못할 정도다. 한국어에는 받침 자음이 있는데, 받침 자음을 끝까지 소리 내지 않는 사람들이 의외로 많다. 받침 자음을 아예 소리 내지 않거나 유사한 자음으로 쉽게 소리 내는 사람들이 있다. 자음 발음을 명확히 소리 내지 않으면 아무리 학식이 많고 지위가 높다 하더라도 사람이 싱겁고 자신감 없고 약해 보인다. 자음 발음이 강해야 말에 힘이 실린다. 자기 말에 확신 있는 사람으로 보인다. 대화에 에너지가 넘치고, 맞장구에 존재감이 느껴진다.

말의 인상은 발음의 선명도에 따라 큰 차이를 보인다. 자음은 입술을 통해 발음될 때 가장 선명도가 높다. 다시 말해 입천장 앞쪽 부분과 윗니를 향해 자음 소리를 통과시키면 된다.

💬 턱이 열리면 말이 편안해진다

턱은 감정과 연관되어 있다. 입은 감정을 나타내는 곳이므로 입을 보면 상대방의 감정을 이해할 수 있다. 턱의 긴장도 신체적인 현상일 뿐이라고 여기기 쉽지만 감정과 연결되어 있다.

발성과 연관된 공연학회 세미나에 참석한 일이 있다. 그 세미나에는 많은 이비인후과 의사 선생님과 성악, 뮤지컬, 전통 연희와 관련 있는 교수님들이 모였다. 외국 선생님도 참가하여 바디매핑(body mapping)이라는 마스터클래스를 진행했다. 특이하게도, 성악 하는 학생을 가르치는 것이 성악 선생님이 아니라 이비인후과 선생님들이었다. 학생이 노래를 하면 의사 선생님이 턱이 얼마큼 열려 있는지를 체크하여 알려주었다. 노래를 더 잘하고 싶어서 배우러 온 학생에게 의사 선생님은 턱을 더 열라고 끊임없이 요구했다.

나는 그 의도를 충분히 이해할 수 있었다. 턱 열림의 중요도에 대해 지속적으로 강조했는데, 때로는 호흡이 부족해서가 아니라 턱을 열지 않아서 말이 안 나올 수도 있다는 얘기다. 물론 사람의 몸이란 유기적으로 연결되어 있으므로 어느 것 하나로 모든 문제가 해결될 수는 없다. 그러나 턱을 열어야 말이 자유를 얻는다는 데는 동의한다.

이를 악물어 턱에 힘이 들어가면 목소리가 경직된다. 목소리는 듣기에 편해야 한다. 굳어 있는 목소리에는 편안함이 없다. 목소리를 편안하게 내기 위해서는 턱을 이완해야 한다. 말을 하는 동안 턱이 굳어지지 않으려면 목 뒤를 이완시켜주어야 한다. 목 뒤는 자주 긴장되는 부위다. 목 뒤가 긴장하면 목 근육이 수축하고, 턱이 굳어진다. 역으로, 목이 이완되면 턱도 자동으로 이완된다. 턱이 부드럽게 움직이도록 하려면 목의 이완과 함께 턱을 여는 연습을 틈틈이 해야 한다. 한 손으로 턱을 잡고 아래 뒤쪽으로 움직여주면 된다. 발표나 프레젠테이션, 강의 같이 사람들 앞에서 말을 해야 할 때는 사전에 턱을 충분히 이완하자. 그런 상태에서 스피치를 하면 좋은 효과를 얻을 수 있다.

다음은 긴장된 턱의 근육을 이완하는 방법이다.

주먹으로 받치고 소리 내기

고개는 정면을 바라보고 있다. 주먹을 쥔다. 주먹의 편편한 면을 아래턱에 받친다.

1. 주먹 쥔 손에 힘을 주어 머리를 지탱한다. 아래턱에 힘을 주어 주먹을 밀면서 소리를 낸다. 주먹이 쉽게 밀리지 않도록 한다. 아래턱만 움직이고, 머리가 움직이지 않도록 관찰하면서 소리를 낸다. 늘어난 오디오테이프의 소리처럼 소리를 낸다.
2. 주먹을 아래턱에서 뺀 후, 편안하게 소리를 낸다. 둘의 차이를 인지하도록 한다.

아래턱 잡아 내리기

턱에 긴장을 푼다. 주먹을 살짝 쥐고, 아래턱을 가볍게 잡는다. 잡은 턱을 아래로 끝까지 내린다. 이때 턱이 스스로 움직이지 않도록, 턱을 잡고 있는 힘으로만 내려오게 한다.

아래턱 흔들기

주먹 쥔 손으로 아래턱을 잡고 위아래로 빠르게 흔든다.

아래턱 사방으로 움직이기

아래턱을 부드럽게 좌우로 움직인다. 아래턱을 상하로 움직인다. 아래턱을 사용하여 원을 그리듯 둥글게 움직인다.

껌 씹기

가상의 껌을 빠르고, 바쁘게 적극적으로 씹으면서 아래턱을 움직이자.

💬 혀를 유연하게 하는 방법

목소리가 입안에서 웅얼거려 잘 들리지 않게 말하는 사람들이 있다. 커뮤니케이션의 가장 큰 걸림돌이다. 상대는 계속 말하는데 알아듣기 힘들면 듣는 사람도 무척 난처해진다. 목소리가 웅얼거리고 소리가 목에 걸려 있다면 목구멍의 문제가 아니고 혀의 문제다.

심리적·정신적 스트레스는 혀를 긴장시킨다. 사람이 감정적이 되면 목소리가 높아지거나 소리가 나지 않는데 대체로 혀가 굳어져서 생기는 현상이다. 우리는 어릴 때부터 "소리 지르지 마라", "큰소리 내지 마라" 같은 말을 많이 들어왔다. 그래서 본능적으로 감정을 자제하기 위해 혀를 긴장시켰고, 어른이 되어서는 그것이 자연스러워졌다.

혀는 앞부분과 뒷부분 모두 이완되어야 한다. 혀끝을 아랫입술 위에 두고 숨을 쉰다. 혀를 당기거나 긴장시키지 말고 아랫입술 위에 가만히 놓는다. 어색할 수 있지만 한동안 이 상태를 유지한다. 혀에 힘이 빠져 있는지를 지속적으로 체크한다.

혀는 중요한 발성기관이다. 혀가 유연하지 않으면 발음과 공명에 문제를 일으킨다. 혀는 입과 인두의 일부이기에 혀의 긴장은 발음에 문제를 일으키는 직접적인 원인이 된다.

다음은 혀를 부드럽게 풀어주는 방법이다.

삽

혀에 힘을 빼고, 아랫입술 밖으로 크게 빼내보자. 혀를 삽같이 넓게 편다.

빨대

혀를 삽처럼 밖으로 크게 빼고는, 혀 전체에 힘을 주어 빨대처럼 둥글게 말아보자. 그리고 복식호흡으로 날숨을 뱉는다.

그릇

혀끝을 전체적으로 위로 넓게 올려 그릇 모양으로 만들자. 혀의 가운데가 그릇처럼 공간이 생기도록 한다.

시계 시침

자신의 얼굴을 시계라고 상상한다. 혀는 시침이다. 얼굴은 시계의 숫자판이다. 코는 낮 12시, 왼쪽 볼은 3시다. 아래턱은 6시, 오른쪽 볼은 9시, 다시 돌아온 코끝은 밤 12시다. 혀로 시간을 알린다.

단어 쓰기

혀끝을 사용하여 공기 중에 단어를 쓴다.

뱀의 혀

혀가 독을 품은 뱀의 혀라고 생각한다. 허기진 뱀이 먹잇감을 찾다가 먹잇감을 발견했다. 먹잇감을 찌른 후(몇 초간 정지) 먹 잇감을 던져버린다. 다시 다가가 먹잇감을 찌른다. '혀로 찌름-멈춤-혀 빼기'를 반복한다.

고양이 혀

자기 혀가 고양이의 혀라고 생각한다. 손에 묻어 있는 맛있는 음식들을 핥아보자. 손에 나 있는 털을 혀로 씻어보자.

혀 깨물기

혀에 힘을 뺀다. 아랫니와 윗니를 사용하여 혀의 끝부터 안쪽 까지 깨물기 시작한다. 혀를 살짝 깨물어 자극을 주면서 마사 지한다.

💬 목이 뻣뻣하면 말도 딱딱해진다

현대인에게 흔한 병으로 '거북목'이라는 것이 있다. 무거운 머 리가 거북이처럼 앞으로 돌출된 것을 말한다. 앞으로 돌출된 머리를 지탱하려면 목에 과부하가 걸릴 수밖에 없다. 목이 정렬되면 목 근육이 이완된다. 목은 자세에 큰 영향을 미치는 부위다. 상체만 구부려 머리를 대롱대롱 흔들거려도 약간의 긴장은 해소된다.

프레젠테이션이나 강의, 연설 같은 대중 스피치를 하게 되면 호흡과 상관없이 혀, 목, 턱 등의 부위에서 한 개 이상의 긴장이 발생한다. 특히 후두 주변에는 발성기관이 존재하는데 머리와 목, 몸통의 균형을 이루는 역할을 하기도 한다. 이 근육들을 단련시켜야 좋은 화술을 구사할 수 있다. 후두 부위에서 외부 골격을 지탱하는 구조로는 목덜미에 있는 근육 시스템과 목덜미 근육이 있다. 귀 뒤편 두개골이 만나는 지점의 양쪽 부위와 목 뒤쪽 근육을 이완시켜야 한다.

목을 풀어주는 방법 몇 가지를 소개한다.

어깨 올렸다 떨어뜨리기

어깨를 귀에 닿을 정도로 끝까지 올린다. 몸의 다른 부분도 같이 긴장된다고 느끼면 그때 어깨를 축 늘어뜨린다. 여러 차례 반복하면 목과 어깨가 편안해지는 것을 느낄 수 있다.

포물선 그리기

정수리 부위가 위에서 당겨지는 듯한 상상을 한다. 머리를 살짝 뒤로 젖혔다가 앞쪽으로 크게 포물선을 그리며 고개를 숙인다. 무게중심을 신체의 아래에 둔다. 호흡 에너지는 복부에 둔다. 머리의 포물선을 크게 그린다.

목 돌리기

코를 통해 복식으로 들숨을 마신다. 이때 가슴과 어깨가 올라가지 않도록 주의한다.

1. 4박자에 고개를 오른쪽으로 90° 돌리면서 숨을 들이마신다. 4박자에 정면으로 돌아오면서 날숨과 함께 허밍을 낸다.
2. 4박자에 고개를 왼쪽으로 90° 돌리면서 숨을 들이마신다. 4박자에 정면으로 돌아오면서 날숨과 함께 허밍을 낸다.
3. 4박자에 고개를 위쪽으로 올리면서 숨을 들이마신다. 4박자에 정면으로 돌아오면서 날숨과 함께 허밍을 낸다.
4. 4박자에 고개를 아래쪽으로 내리면서 숨을 들이마신다. 4박자에 정면으로 돌아오면서 날숨과 함께 허밍을 낸다.
5. 들숨 후, 8박자에 고개를 오른쪽으로 360° 돌리면서 날숨과 함께 허밍을 낸다.
6. 왼쪽도 똑같이 한다.

뒤로 젖혔다 돌아오기

상반신을 천천히 뒤로 젖힌다. 목을 포함한 상반신에 힘이 들어가게 한다. 상반신을 45° 뒤로 젖혀 목 부위에 힘을 주고 5초간 버티다가, 다시 제자리로 돌아오면서 몸의 힘을 뺀다. 목 부위에 힘을 주었다가 뺄 때의 근육 이완을 기억한다.

목과 아래턱 긴장 후 이완하기

1. 목과 아래턱에 힘을 주어 강하게 긴장시킨다.
2. 긴장시킨 상태에서 고개를 오른쪽으로 90° 돌린다. 고개가 어렵게 돌아가도록 한다. 쉽게 돌아가지 않도록 방해받는다는 느낌으로 돌린다.
3. 근육의 긴장을 풀면서 고개를 정면으로 향하게 한다. 목과 아래턱의 근육을 강하게 긴장시켰던 상태를 풀고 힘을 완전히 뺀다.
4. 반대 방향도 훈련한다.

후두

남자의 경우 목을 뒤로 젖힌 상태에서 손으로 목을 만지면 툭 튀어나오는 부위가 있는데, 이곳이 후두가 시작되는 곳이다. 목소리는 후두와 성도의 상호 밀접한 작용으로 만들어진다.

후두는 호흡을 위한 기도 역할을 하고, 기도를 보호해주고, 발성을 담당한다. 후두는 성대 안에 자리 잡고 있으며, 성대의 진동은 적당한 긴장과 날숨으로 만들어진다. 후두를 내리고 목을 여는 습관을 들이도록 한다.

하품

인위적으로 하품을 한다. 하품할 때의 구강 상태를 살핀다. 그리고 후두 근육의 느낌을 기억한다. 입술을 닫은 상태에서 하품을 한다.

뜨거운 고구마

아주 뜨거운 고구마가 입안에 있다. 상당히 맛있다. 당장이라도 삼키고 싶다. 그러나 너무 뜨겁다. 어떻게든 먹으려고 입안에서 이리저리 움직여 식혀본다. 입안과 후두를 둥글게 만든다.

양치질

가상의 양치질을 한다. 입안의 치아를 구석구석 닦는다. 그리고 가상의 물을 한 모금 입에 넣고 고개를 살짝 위로 올린 뒤, 후두를 헹구듯 "갸르르~" 소리를 낸다. 공기를 밖으로 배출하면서 후두를 자극한다.

💬 말에도 멜로디가 있다

말하는 중간에 음성적인 요소들이 음악처럼 움직이면서 높낮이를 만드는데, 소리를 이용하여 만든 최종적인 높낮이의 형상이 '억양'이다. 억양은 말하는 사이에 미세하게 또는 급격하게 오르내리면서 만들어지는 말의 멜로디다. 억양은 목소리의 의도에 따라 달라진다. 사투리나 습관적인 말투로 억양이 형성되기도 하는데, 말의 의도나 목적에 따라 적절히 사용해야 한다. 또한 안정적이고 품격 있는 목소리를 원한다면 평소 말 습관에서 억양을 정돈해야 한다.

💬 말이 빠른 사람들의 특징

상대의 말에 공감하려면 무슨 말인지 알아들어야 한다. 그러나 말하는 속도가 너무 빠르면 무슨 말인지 알아들을 수 없다. 성격이 급하고 예민한 사람들이 말이 빠른 경우가 종종 있다. 자기 말의 템포가 빠른 것은 생각 못 하고 상대가 빨리 알아듣지 못한다고 화를 내며 답답해하는 사람도 있다.

말의 템포를 늦추는 방법이 있다. 모음을 길게 소리 내면 된다. 한국어는 음절로 되어 있고 모든 음절은 모음을 포함하고 있으므로, 모음의 길이를 늘여주면 된다. 모든 모음의 길이를 일정하게 유지하면서 모음을 명확히 발음하려고 하면 템포는 늦춰지게 되어 있다.

말이 빠른 사람들의 특징은 3음절을 2음절처럼 발음하고, 4음절을 3음절처럼 발음하는 것이다. 템포감을 늦추려면 3음절을 4음절처럼 발음하고 4음절을 5음절이나 6음절처럼 발음하면 된다. 예로 '나비야, 나비야. 이리 날아오너라'라는 문장이 있다고 하자. 말이 빠른 사람들은 "납야, 납야. 일 날아오너라"라고 하는데, 템포감을 늦추려면 "나아비야, 나아비야. 이이리이 나아라아 오오너어라아"라고 말하면 된다.

💬 표정만으로 말할 수 있어야 한다

표정 연기는 신체 표현의 마지막 단계다. 좋은 배우는 표정만으로도 감정과 상태를 드러낸다. 몸으로 감정을 표현하는 무용수들도 표정 연기를 매우 중요시한다. 소리로 표현하는 음악가들도 감정을 표정에 나타낸다. 표정을 사용하는 근육들은 뇌 신경과 연결되어 있고, 뇌 신경은 감정과 연결되어 있다. 그러므로 감정에 따른 표정이 다양해지려면 얼굴 근육을 이완해야 한다. 감정을 정확히 드러내야 소통이 쉬워진다. 굳은 표정은 상대가 감정 상태와 상황을 이해할 수 없게 한다.

영화 「마스크」를 보면 주인공이 얼굴을 자유자재로 움직일수 있는데, 그 정도까진 아니지만 한번 상상은 해보자. 우선 얼굴 마사지를 통해 긴장된 근육을 부드럽게 한다. 그리고 마스크처럼 얼굴을 코 쪽으로 완전히 쭈그러뜨린다. 눈도 감고 찡그리고, 입도 위로 붙인다. 이번에는 눈을 크게 뜨고 이마를 위쪽으로 당긴다. 콧구멍도 크게 벌린다. 이번에는 눈썹을 움직이고, 눈을 움직이고, 입술 주변 근육을 움직인다. 다시 얼굴을 모았다가 펴고, 입을 크게 벌려 근육을 늘인다. 다양한 표정이 가능하도록 긴장된 얼굴 근육을 충분히 풀어준다.

💬 몸짓은 그 사람의 지위를 나타낸다

보디랭귀지, 즉 몸짓 언어를 가장 잘 사용하는 이들은 돌쯤 된 아기들이다. 아기들은 몸으로 소통한다. 몸짓 언어를 사용하면 말 없이도 상대의 정보를 얻을 수 있다. 우리 뇌는 몸짓 언어를 읽는 능력이 있기 때문에 굳이 말을 하지 않아도 상대의 메시지를 이해할 수 있다.

어느 날 우연히 한 동영상을 보게 됐다. 몸짓 언어에 관한 영상이었다. 회의에 참석한 사람들을 보여주는데, 음소거를 한 채 몸짓 언어만 보고 어떤 사람인지 알아맞혀 보라는 내용이었다. 다섯 사람이 등장하는데 모두 동그런 회의 탁자에 앉아 있다. 지위가 제일 높은 사장이 있고, 회의할 때마다 싸우려 드는 사람이 있고, 스트레스로 가득 찬 사람이 있다. 온통 긴장한 사람이 있으며, 사장에게 잘 보이고 싶어 하는 이인자가 있다. 잠깐의 몸짓 언어만으로 그들이 어떤 인물인지 알아보자. 단서는 오직 몸짓 언어뿐이다.

1. 보라색 옷을 입은 여성이 탁자를 짚고 일어나더니 손바닥을 내민다.
2. 덩치 큰 남자가 서류를 접더니 의자를 뒤로 젖히며 머리에 깍지를 낀다.
3. 빨간 넥타이를 한 남자가 목덜미를 문지르고는 펜을 돌리기 시작한다.
4. 한 여성이 엄지손가락은 감추고 두 손은 깍지를 낀 채 손을 비비다가 곧 반지를 만지작거린다.
5. 노란 넥타이를 한 남성이 곧게 앉아 양손의 끝을 맞닿아 삼각형을 만든다.

우리는 무의식적으로 계속해서 신호를 보낸다. 그러므로 몸짓 언어를 잘 살펴야 한다. 몸짓 언어에 대한 해석은 전문가들 사이에 일부 견해차가 있다. 그러나 몸짓 언어에는 여러 유용한 정보가 숨어 있다. 어떤 회의에 참석했든지, 어떤 모임에 있든지 우리 주변에서 매일 펼쳐지는 풍경들이 바로 몸짓 언어다.

앞의 예에서 제시된 몸짓 언어를 전문가들은 다음처럼 해석한다.

1. 보라색 옷을 입은 여자가 탁자 위에 손을 짚는 것은 강한 힘을 나타낸다. 일어서서 다른 사람들보다 높은 위치에 있게 되는 이 동작만으로도 다른 사람들보다 위에 있는 사장임을 나타낸다.

2. 덩치 큰 남자의 행동을 보면 느긋하고 거만해 보인다. 서류를 접더니 의자를 뒤로 젖히며 머리에 깍지를 끼는 큰 동작을 통해 이 남성이 다른 사람들의 개인 공간을 침범하는 것이 보인다. 이 남성은 자기를 나타내고 싶어 하고 우두머리가 되고 싶어 하는 쌈닭 같은 존재다.

3. 목덜미를 문지르는 행동은 스스로를 달래는 행동이다. 스트레스에 시달리는 사람이다.

4. 엄지를 감추는 행위는 자신감이 부족하고 긴장된 상태를 나타낸다.

5. 곧게 앉아 양손의 끝을 맞닿아 삼각형을 만드는 남성은 이
   인자다. 지도자들이 흔히 보이는 동작이다.

그렇다면 우리 자신의 몸짓 언어는 어떨까? 우리의 몸짓 언어는 우리가 나타내고자 하는 메시지와 일치할까? 만약 그렇지 않다면 신체 메시지도 달리 표현해야 한다. 소통에 맞는 몸짓 언어를 사용하고 싶다면 스트레스나 긴장 또는 공격적으로 보이는 몸짓 언어는 삼가야 한다. 대신 정보에 맞는 몸짓 언어로 바꿔주어야 한다. 현대 무용가 마사 그레이엄(Martha Graham)은 이렇게 말했다. "몸은 말로 나타낼 수 없는 것을 표현한다."

사람은 누구나
이야기를 좋아한다

💬 **목적에 맞는 제목 붙여보기**

말을 할 때는 그 목적이 무엇인지 정해야 한다. 메시지의 목적
이 불분명하면 목소리도 어휘 선택도 불분명해지기 때문이다.
특히 목적 있는 곳에서 하는 말은 확실해야 한다. 공공연한 스
피치는 목적이 뚜렷하게 전달되어야 한다. 그렇지 않으면 준
비되지 못한 말이라는 것이 금방 티가 난다. 목적이 정해진 만
남에서는 말의 구조가 그 의도에 맞아야 한다. 그것이 소소한
자기소개든, 프레젠테이션이든, 강의든, 회의든 간에 말이다.
목적이 명확하면 메시지가 명확해지며 말의 구조도 논리를 갖

추게 된다. 대화의 초점도 의도에 맞게 움직이게 된다.

나는 학생들에게 연기하는 장면의 제목을 한 단어로 정해보라고 한다. 연기든, 강의든, 소통이든 스피치에는 목적이 있다. 그 목적에 어울리는 제목을 한 단어나 짧은 문장으로 정해보면 목적이 더욱 확실해짐을 알게 된다. 가볍게 만나는 모임에서도 제목을 붙여보자. 제목을 붙이는 훈련을 하다 보면 맞장구에서 의도가 더욱 명확해진다.

셰익스피어 『로미오와 줄리엣』의 주요 장면에 다음처럼 제목을 붙일 수 있다.

- 발단: 두 가문의 대립
- 전개: 로미오와 줄리엣의 만남
- 위기: 줄리엣의 죽음
- 절정: 로미오의 죽음
- 결말: 두 가문의 화해

장면마다 제목을 적어놓고 보니 이야기가 더 선명해지지 않는가?

제목 정하기는 어디에나 적용할 수 있다. 한번은 우리나라에서 제일 큰 안전체험관 교관들을 대상으로 강의를 한 적이

있다. 그때의 제목이 '살 것인가, 죽을 것인가. 그것이 문제로
다'였다. 강의하시는 분들을 대상으로 했을 때 제목은 '제대로
말하는 법'이었다. 어떤 자리에 제목을 붙이는 것은 참 재미있
는 일이다.

공적인 자리에서 스피치를 할 때는 제목을 두세 개 작성해
보는 것도 좋다. 내용을 재치 있고 함축적으로 표현하는 것도
좋고, 스피치를 통해 얻는 것이 무엇인지 미리 제시해주는 것
도 좋다.

💬 맞장구의 다양한 예

거절하는 맞장구

살다 보면 항상 동의만 할 순 없다. 상대에게 반대 의견을 낼
때도 있다. 이때 거절하는 것보다 더 중요한 것은 거절하는 방
법이다. 반대 의견을 내되 감정이 상하게 해서는 안 된다. 반
대 의견을 내는 것은 용기가 필요한 일이다. 용기를 내서라도
반대 의견이 필요한 상황이라면 서로 간에 최대한 감정이 상
하지 않게 해야 한다.

절대 무례하게 굴어선 안 되며 예의를 갖추어 말해야 마음

이 열린다. 반대 의견을 말하기까지 얼마나 고민했는지를 보여주면 감정이 상하지 않는다. 상대는 오히려 존중받는다고 느낀다. 그래서 거절하는 맞장구를 할 때는 반응이 조금 늦어도 좋다. 고민한 흔적이 되기 때문이다.

행동을 제시하는 맞장구

맞장구가 맞장구에서 끝나는 경우도 많다. 그러나 맞장구가 행동으로 연결된다면 커뮤니케이션 영역이 더욱 확장될 것이다. 기대감을 드러내면서 행동으로 연결할 수 있도록 동기를 부여하면 훌륭한 맞장구가 된다. "~해 봐!", "너도 ~할 수 있어", "나도 해봐야지"처럼 구체적으로 어떤 행동을 제시해주는 것도 좋다.

감동적인 공연을 한 편 보고 나오면 '아, 그래. 인생은 역시 살 만해', '더 열심히 살아야겠어'라는 마음이 든다. 좋은 작품은 관객에게 인생을 잘 살아가도록 동기를 부여해준다. 이처럼 좋은 영향력을 끼치는 것이 선한 맞장구의 역할이다. 인생이 살 만한 가치가 있다는 것을 깨달으면 지금 내가 무엇을 해야 하는지도 더 적극적으로 생각하게 된다.

보편적인 감정에 답하는 맞장구

연극을 공부하면서 표현이란 정확한 디테일과 명확함, 전달력에 있음을 날이 갈수록 더 분명히 깨닫게 된다. 드라마는 이야기가 논리적으로 전개되어야 한다. 지나치게 상징적이거나 추상적이어서는 안 된다.

우리는 가끔 지나치게 뜬구름 잡는 이야기를 하거나 누구도 공감할 수 없는 이야기를 하곤 한다. 하지만 인간의 감정은 일반적이고 보편적인 사건을 통해 표현되고 전달된다. 인간이란 원래 같은 감정을 지닌 존재들이다. 소소하고 작은 규모의 것들이 보편적인 것들이다. 다시 말해 작은 규모의 것들을 자세하게 표현하면 보편적인 것이 된다. 우리의 삶은 작은 규모의 것들이 촘촘히 모여 이뤄지며, 이유도 없고 보편적이지도 않은 감정은 공감되지 않는다. 누구나 느끼는 설득력 있고 보편적인 감정을 통해 말을 하거나 맞장구로 응해야 한다. 작고 소소한 것들이 덩굴처럼 모여 큰 주제를 나타낸다.

구체적으로 묘사하는 맞장구

대화가 추상적이면 기억에 오래 남지 않는다. 추상적인 묘사보다는 구체적인 표현이 더 기억에 오래 남는다. 현실적이기 때문이다. 구체적인 묘사는 대화의 집중력을 높이고, 커뮤니케이션을 살아 있게 한다. 명품과 짝퉁의 차이도 디테일에 있다. 상대에게 섬세하고 구체적으로 배려를 받으면 우리는 감동한다.

오감으로 말하고, 마음으로 전하는 맞장구

1. 몸으로 말하기

   입으로 말하지 말고 신체를 모두 사용하면서 말하자.

2. 소리를 눈으로 보내기

   입으로 말하는 것이 아니라 눈으로 말한다고 생각하자.

3. 손으로 말하기

   입으로 말하는 것이 아니라 손으로 말한다고 생각하자.

4. 말의 온도 높이기

   맞장구의 목적과 의도에 맞게 목소리의 온도를 높이자.

5. 거울 앞에서 말하기

   일상에서 어떻게 말하는지를 알기 위해 거울을 보면서 말해본다. 여러 사람 앞에서는 어떻게 말하는지 알기 위해 거울 앞에서 말해보자. 어떤 차이가 있는지 확인한다.

6. 동영상 촬영하기

   핸드폰이나 카메라로 영상을 촬영해 말하는 자신의 상태를 체크하여 객관적으로 분석한다. 반복하여 살펴보면서 목소리와 행동 패턴을 분석한다.

7. 진심이 느껴지는지 확인하기

   녹화 영상을 보면서 말의 진심이 느껴지는지 확인한다. 어떤 부분에서 진심이 느껴졌는지 소리 내어 보자. 진심이라고 느끼게 하는 요소가 무엇인지 확인해보자.

💬 스피치의 필수 요소, 스토리텔링

재미교포 2세인 피터 손은 애니메이션 영화 감독이면서 각본가로 픽사 소속의 애니메이터다. 그는 「굿 다이노」라는 장편 애니메이션을 연출했는데, 이 작품은 골든글로브 장편 애니메이션 부문 수상 후보에까지 올랐다.

애니메이션 작업에서 중요시하는 두 가지가 바로 스토리텔링과 연출이다. 피터 손은 스토리텔링과 연출을 통해 관객에게 전달하고 싶은 자기의 진심을 표현한다고 말했다. 스토리텔링은 '상대에게 전하고 싶은 말'이고, 연출은 '어떻게 전달할 것인가'다.

영화 이야기만은 아니다. 우리는 모두 하고 싶은 말을 가지고 있다. 사적이든 공적이든 소통을 위해 끊임없이 말을 한다. 가정, 직장, 학교에서 자기가 하고 싶은 말을 전달할 때도 기술이 필요하다. 아무리 나를 잘 알고 있다 하더라도 말을 잘 전달하는 기술을 갖춰야 한다. 스토리텔링과 연출은 전달 방법이다. 밀착된 가족에게도 스토리텔링 형식의 이야기 전달이 필요하다. 말은 안으로 알고 있는 것과 밖으로 꺼내놓는 것 간에 큰차이가 있다. 밀착된 가족이라도 스토리를 통해 자신의 의견을 이야기한다면 더욱 확실히 전달될 것이다.

대중 스피치에서는 스토리텔링이 더더욱 필수적이다. 아무리 좋은 주제라 하더라도 스토리가 없으면 청중은 졸게 되어 있다. 지루한 강의를 끝까지 들을 사람은 별로 없다. 반면, 스토리를 가미한 스피치라면 청중이 자발적으로 귀를 기울인다. 왜냐하면 인간이 그런 존재이기 때문이다. 우리의 유전자에는 스토리에 대한 욕구가 들어 있다. 고전문학을 봐도 작가는 스토리를 통해 주제를 이야기한다. 부모·자식 간의 사랑이나 친구 간의 우정을 이야기 형식을 빌려 표현한다. 스토리는 인간이 문명을 발달시키고 유지하는 데 커다란 힘이었다.

2018 평창동계올림픽 피겨 팀이벤트 아이스댄스에 예카테리나 보브로바와 드미트리 솔로비에프가 출전했다. 그들은 눈먼 여자와 그녀를 사랑하는 한 남자를 연기했다. 기술보다 스토리가 더 빛나는 멋진 경기였다. 오히려 하나의 작품으로 비칠 정도였다. 음악에 맞춰 기술을 넣고 경기를 하지만, 캐스터

와 해설위원도 마치 영화 한 편을 본 듯하다고 했다. 스토리가 명확히 보였기 때문이다. 스케이팅 기술도 뛰어났지만 스토리 덕에 더 돋보였다. 그들의 경기를 보면서 나는 무릎을 탁 쳤다. "바로 이것이 스토리가 가지는 힘이지!" 하면서.

예술이란 테크닉을 떼고 말할 수 없다. 예술이 테크닉 위에 서 있기 때문이다. 기술도 마찬가지다. 기술만 중요한 것이 아니라 예술성을 얼마큼 포함시켰느냐를 이야기한다. 우리가 인지하기 어려울 정도로 기술이 발전하고 있는 현대에도 많은 분야에서 예술성에 대해 말하고 있다. 게임이나 가상현실에서도 그렇다. 고도로 발달한 기술이라도 인간과 연결될 때 비로소 현실적인 인기도 얻고 실제로 사용할 수 있게 된다. 인간과 연결되는 요소에는 예술성과 스토리가 있다.

국내에 태국인이 20만 명이나 방문한 숨겨진 명소가 있다. 독특한 스토리 덕에 명소가 됐다고 한다. 경기도 용인에 있는 와우정사라는 절이 그 주인공이다. 이 절을 찾는 외국인 관광객은 한 해 30만 명으로 국내 관광객보다 두 배나 많다. 그중에서도 국교가 불교인 태국 사람들이 많이 찾아온다고 한다. 그래서 경내 곳곳에 태국어로 쓴 안내판이 있고, 태국어로 낭송되는 반야심경의 독경 소리가 경내 스피커에서 흘러나오기도 한다.

이 절이 완성된 것은 1970년으로, 역사도 그리 길지 않다. 그런데 창건자인 해곡 주지스님이 조계종 기획위원으로 일하던 1969년에 한국을 방문한 태국의 푼 공주를 안내하면서 이 나라 왕실과 각별한 인연을 맺었다고 한다. 이후 푼 공주는 한국을 찾는 태국 왕실 관계자들에게 와우정사에 꼭 들르도록 당부했다.

하지만 정작 와우정사를 유명하게 만든 것은 따로 있다. 무엇보다 이곳에서 참배를 하면 효험이 있다는 이야기가 동남아에 널리 퍼져 있다는 것이다. 몇 년 전 태국 축구팀이 단체로 찾아와 이곳에서 참배를 한 후 국내에서 벌어진 막강한 한국팀과의 경기에서 무승부를 기록했다. 그 덕에 와우정사의 명성이 더 높아졌다고 한다. 한국을 소개하는 태국 TV 프로그램에서도 와우정사에 대한 이야기가 빠지지 않는다. 와우정사를 특별하게 만든 것이 바로 스토리다.

💬 자신만의 히스토리를 만들자

방시혁이 방탄소년단을 세계가 주목하는 월드 스타로 만들 수 있었던 첫 번째 이유는 스스로 학습하는 자율형 아이돌이라는 점이다. 방탄소년단은 "저희 목소리로 저희 이야기를 했다는 점이 팬들에게 공감대가 형성되는 것 같아요"라고 말했다. 방시혁은 방탄소년단의 음악은 방탄소년단 내면에 있는 이야기가 되어야 한다고 말했다. 첫 음반에는 학업에 관한 내용이 담겨 있었다. 철 지난 학교 콘셉트라는 비난도 받았지만 당시 멤버들 중에 학생이 많았기에 당연한 콘셉트라고 생각했다. 그들은 음악에 스스로의 목소리를 담는 게 다른 그룹과의 차별점이다. 그리고 이것이 대중과의 진실한 소통이다.

세상에는 크고 작은 역사가 있다. 아폴로 11호가 달에 착륙한 것도 큰 역사이지만, 아이를 안고 논문 심사장에 들어간 것도 하나의 역사다. 크건 작건, 내가 살아온 모습이 곧 나의 역사다. 말더듬이였던 남편이 해외 영업을 하고, 말이 늦었던 내가 스피치 강의를 하는 것도 역사다. 우리에게는 모두 저만의 역사가 있다. 스스로 자랑스러워해야 할 자취들이다.

「블레이즈 오브 글로리」라는 영화가 있다. 남녀 페어가 아닌 남남 페어로 스케이팅을 하는 영화다. 남들과 차별화한 스토리다. 자신이 타인과 어떻게 다른지 맞장구로 표현해보자. 인간은 누구 하나 똑같지 않다. 타인과 다른 자신만의 역사가 있듯이, 타인과 구별되는 자기만의 색깔로 말하자.

💬 1분 스피치의 구조

사람들 앞에서 이야기를 해야 할 때가 종종 있다. 자기소개를 하든, 자기 생각을 이야기하든, 제품을 설명하든, 홍보를 하든, 변명을 하든 간에 1분 스피치는 하게 되어 있다. 시간이 짧다 해도 말의 구조는 필요하다.

　1분 스피치를 위한 말의 구조에 대해 생각해보자.

말의 구조 1 : 서론 – 본론 – 결론

정리된 말은 사람의 이미지를 정돈시킨다. 횡설수설하는 말은 그 사람을 신뢰하지 못하게 한다. 그 사람의 언어가 곧 그 사람이다. 그러니 말을 할 때는 생각나는 대로 말하지 말고, 잠시 멈춰 생각을 정리한 후에 말하는 습관을 갖자. 외국어를 처음 배울 때 이 말이 맞는지 한번 생각하고 말하는 것처럼, 말을 할 때는 무엇을 말하고 어떻게 말해야 하는지를 점검하는 습관을 갖자.

　일반적인 말의 구조는 다음과 같다. 무슨 말에 관한 것인지 명확히 알아야 한다. 누구를 위한 말인지, 목적이 무엇인지를 알아야 말의 흐름을 정할 수 있다.

1. 서론

인사말을 하거나 자기소개 등을 할 수 있다. 상대에게 공감대를 형성하고 흥미를 불러일으키는 말을 하는 게 좋다. 1분 스피치의 주제나 의미, 중요성을 강조하면 좋다. 질문으로 시작하거나 주제에 대한 이슈 또는 에피소드로 말을 꺼내는 방법도 있다.

2. 본론

주된 내용을 이야기한다. 감성적으로 설득하기 위해 스토리텔링으로 말하도록 한다. 무엇에 관한 말인지, 왜 그런 말을 했는지, 어떻게 할 것인지 이야기한다. 본론에 첫째, 둘째, 셋째처럼 숫자를 넣어 말을 하면 신빙성이 높아진다.

3. 결론

1분 스피치 내용을 요약하고 강조한다. 감성적으로 마무리하고 끝낸다.

말의 구조 2 : 기-승-전-결

스토리텔링 형식의 기승전결 기법을 사용해도 좋다. 그러면 스토리 전개가 자연스럽고 메시지가 더욱 효과적으로 전달된다. 사건을 만들려고 애쓰지 말고 주인공의 감정 변화에 맞춰 스토리가 진행되어야 한다. 육하원칙에 따라 서술하되 감정의 변화가 느껴져야 한다. 스피치나 프레젠테이션도 하나의 이야기라는 점에서 활용도가 높다. 다시 강조하지만, 사람은 누구나 이야기를 듣고 싶어 한다.

- 기: 자기소개나 인사말로 대화를 연다.
- 승: 주된 이야기를 시작한다. 갈등과 문제가 발생한다.
- 전: 갈등과 긴장이 최고조에 달한다.
- 결: 갈등이 해소되면서 이야기가 마무리된다.

💬 손석희와 유시민이 말하는 법

비유를 잘 사용하는 사람들이 있다. 대표적인 예가 JTBC 뉴스룸 손석희 앵커와 유시민 작가다. 손석희의 앵커 브리핑에서는 명언이나 격언, 예전 유사 사건이나 상황들을 반드시 이야기하고 본론으로 들어간다. 유시민 작가 역시 대중이 쉽게 이해하도록 다른 예들을 끌어와 빗대 설명하는 데 능하다. 맞장구를 잘하는 사람들은 이처럼 빗대 설명하는 방식을 선호한다.

비유 중에서도 A를 나타내기 위해 B를 끌어다가 견주는 형식을 직유라고 한다. 'A는 B와 같다', '마치 ~와 같다', '꼭 ~같다', '~와 비슷하다', '~처럼', '~인 양', '~같이', '~듯'이라고 표현한다. 그리고 'A는 바로 B다'라는 형식은 은유라고 한다.

왜 사람들은 비유로 말할까? 나와 너 사이에는 물리적인 거리가 있다. 나의 생각과 너의 생각 사이에도 거리가 있다. 내가 하고 싶은 이야기를 바로 꺼내놓으면 네가 부담을 느낄 수 있다. 그 거리를 좁히는 것이 바로 비유다. 다시 말해 나와 너 사이에 다리를 놓아 건너가게 도와주는 것이다.

비유에 관해 이야기를 하고는 교수님들에게 '강의는 ~이다'처럼 비유해달라고 요청한 적이 있다. 그때 나온 답변 몇 개를 보자.

- 강의는 퍼즐과 같다. 마지막 퍼즐을 맞추는 순간에 모든 그림이 완성되기 때문이다.
- 강의는 사막과 같다. 끝이 없기 때문이다.
- 강의는 종합예술이다. 종합적으로 모두 합쳐 사용하기 때문이다.

이 중 첫째, 둘째가 직유이고 셋째가 은유다.

또 말에 구체적인 근거를 넣으면 내용이 더 명확해지면서 가치가 높아진다. 근거로는 숫자나 출처 등이 있다.

"새가 많이 날아가고 있어"라는 표현보다는 "새가 1500마리쯤 날아가고 있어"라고 말할 때 상대가 상상하는 범위가 더 명확해진다.

"엄마는 우리 딸을 첫 번째로 사랑하고 있고, 첫 번째로 좋아하고 있고, 첫 번째로 생각하고 있어"라고 말이 안 되는 표현을 해도 아이는 좋아한다.

"독침 쏘기로 호흡 훈련을 하래. 『김현아의 배우화술』이라는 책에 그렇게 나와"라고 이야기를 하면 내가 좋아서 권하는 것이 아니라 전문가가 권한다는 근거가 된다. 이것이 바로 말의 가치를 높이는 방법이다.

맞장구의 최종 목표는 상대의 마음을 빼앗는 것이다

나는 연기를 전공하는 학생들에게 자주 이렇게 말한다.

"배우의 첫 번째 역할은 관객의 시선을 온전히 자신에게로 끌어모으는 것이다."

덧붙여 사람들이 자신에게 집중하는 것을 부끄러워하거나 부담스러워하지 말고 오히려 즐기라고 이야기한다. 많은 사람의 시선을 한 몸에 받았던 경험이 적어 어색할 뿐이지, 우리 모두는 자기 인생이라는 무대의 주인공이다. 주인공은 관심받는 것을 부담스러워하면 안 된다. 말주변이 없어 대화를 어려워하는 사람들이 특히 남의 시선을 부담스러워한다. 하지만 내가 그렇게 느끼면 상대도 어김없이 불편함을 느끼게 되고, 대화가 더는 이어지지 못하고 어느 순간 뚝 끊기고 만다.

특히 수많은 청중 앞에서 발표를 하거나 협상이나 설득을 해야 할 때 더 긴장하게 된다. 수많은 눈이 내 입만 보고 있는 것 같아 손발이 부자연스러워지고 목소리가 떨리는 경험을 누구나 한두 번은 해봤을 것이다. 그 눈들이 무섭게 느껴지기까지 한다. 하지만 그들은 '얼마나 말을 잘하나 보자'가 아니라 당신의 말을 충분히 들어줄 준비가 되어 있기에 그렇게 집중해서 바라보는 것이다. 지레 겁먹지 말고, 몸과 마음을 충분히 열고 대화에 임하자. 그러면 지금보다 훨씬 편안하게 듣고 말하게 될 것이다.

나는 독자들의 몸과 마음이 조금이라도 편해졌으면 좋겠다는 마음으로 이 책을 썼다. 앞에서도 밝혔지만 나는 사실 소통 전문가가 아니다. 엄밀히 말하면 배우를 훈련하는 코치에 더 가깝다. 그들이 자기가 맡은 역할에 맞는 목소리와 제스처를 잘 사용해서 시청자와 관객의 마음을 사로잡을 수 있도록 도와주는 사람이다. 이 책의 독자들 역시 그렇게 되었으면 좋겠다. 지금까지 제시한 여러 방법을 활용하면 소통을 막는 신체적, 심리적 장애들을 극복할 수 있다. 그리고 그 순간, 당신이야말로 진정한 소통 전문가가 된다.

여러 맞장구 기술을 적어놨지만, 가장 중요한 것 하나만 꼽으라고 한다면 주저 없이 '자신감'을 얘기하겠다. 내 말이 늘 논리적이지 않음에도 상대를 빨아들이는 힘이 있는 건 바로 이 자신감 덕분이다. 이거 하나만 장착하면 무서울 것이 없다. 어디서든 누구 앞에서든 말하는 게 더는 두렵지 않게 된다. 부디 이 책이 당신의 자신감에 불을 붙이는 계기가 되었으면 좋겠다. 그래서 상대가 누구든 마음을 훔칠 수 있는 매력적인 스피커가 되기를 바란다.

좋은 감정이든 나쁜 감정이든 나도 모르게 드는
어떤 감정을 인정받을 때 위안을 느낀다.
공감은 최고의 맞장구다.

나를 어필하고 상대를 돋보이게 하는 맞장구 잘 치는 법

언제부턴가 사람들이
내 말에 집중하기 시작했다

초판 1쇄 발행 2018년 7월 2일
초판 2쇄 발행 2018년 7월 13일

지은이 김현아
펴낸이 김선준

기획 및 책임편집 마수미
편집팀장 마수미 **편집팀** 채윤지, 문주영
디자인 이승은, 디자인 쓰봉
일러스트 그림요정 최광렬
외주교정 공순례

펴낸곳 포레스트북스 **출판등록** 2017년 9월 15일 제 2017-000326호
주소 서울시 마포구 동교로 64-9 2층
전화 02) 332-5855 **팩스** 02) 332-5856
홈페이지 www.forestbooks.co.kr **이메일** forest@forestbooks.co.kr
종이·출력·인쇄 ㈜갑우문화사

ISBN 979-11-964152-0-4 (03190)

포레스트북스(FORESTBOOKS)는 독자 여러분의 책에 관한 아이디어와 원고 투고를 기다리고 있습니다. 책 출간을
원하시는 분은 이메일 writer@forestbooks.co.kr로 간단한 개요와 취지, 연락처 등을 보내주세요. '독자의 꿈이
이뤄지는 숲, 포레스트북스'에서 작가의 꿈을 이루세요.